LEIA, ESTUDE E
DIVULGUE AS OBRAS
DA LAVRA DO MÉDIUM
CHICO XAVIER.

3º, 

# Estudando "Nosso Lar"

por Carlos A. Baccelli / Inácio Ferreira

Revisão Gramatical: Fausto De Vito
Capa: Paulo Moran | Diagramação: Marcos Ferreira



**Livraria Espírita Edições "Pedro e Paulo"**
Av. Elias Cruvinel, 1.202 - Boa Vista
38070-100 - Uberaba (MG) - Tel. (34) 3322-4873
Site: www.leepp.com.br - E-mail: leepp@terra.com.br

**2ª Edição • Do 11º ao 17º milheiro.**
**Dezembro de 2009**

---



ISBN: 978-85-60628-22-3

. . .

Impressão:
**LIS Gráfica e Editora Ltda.**
Rua Felício Antônio Alves, 370
CEP 07175-450 - Guarulhos (SP) - Brasil
Tel.: (11) 3382-0777
E-mail: lisgrafica@lisgrafica.com.br
Site: www.lisgrafica.com.br

Impresso no Brasil
*Printed in Brazil*

Carlos A. Baccelli
Inácio Ferreira

# Estudando "Nosso Lar"

LEEPP

Livraria Espírita Edições "Pedro e Paulo"
Av. Elias Cruvinel, 1.202 - Boa Vista
38070-100 - Uberaba (MG) - Tel. (34) 3322-4873
Site: www.leepp.com.br - E-mail: leepp@terra.com.br

**Dados de Catalogação na Publicação**
**(Preparada pela Editora)**

Ferreira, Inácio (Espírito).
Estudando "Nosso Lar" / Inácio Ferreira ; [psicografado por] Carlos A. Baccelli. -- Uberaba, MG : Livraria Espírita Edições "Pedro e Paulo", 2009.

1. Espiritismo 2. Psicografia I. Baccelli, Carlos Antônio. II. Título.

CDD-133.93

**Índices para catálogo sistemático:**

1. Comunicação mediúnica : Espiritismo 133.93
2. Escritos psicografados : Espiritismo 133.93

# Prefácio

No pórtico desta obra, tão singela quanto as demais de nossa lavra, rendemos o nosso tributo a **André Luiz**, pelo extraordinário legado que, a partir de *"Nosso Lar"*, através do médium Chico Xavier, o seu laborioso espírito transmitiu aos homens na Terra, descortinando as veredas do Mundo Espiritual a quantos se interessam por mais amplo conhecimento da Verdade além da morte.

A contribuição de André Luiz ao Espiritismo, ele que sempre foi amigo e admirador de Allan Kardec, na identidade do humanitário Dr. Antoine Demeure, que o próprio Codificador, nas páginas da *"Revue Spirite"*, considerou o *"Cura d'Ars da*

# Índice

# Capítulo 1

Domingas, Manoel Roberto e eu nos mantínhamos em animada conversação. Esses entendimentos de além-túmulo, levados a efeito de maneira informal, entre as inúmeras atividades que nos absorvem, auxiliam nossa melhor compreensão da vida que nos rodeia.

Já tive oportunidade de dizer que nem os próprios espíritas, enquanto no corpo material, conseguem fazer ideia mais próxima da realidade do que, afinal, nos seja a existência neste Outro Lado.

— Dr. Inácio – comentou Domingas –, isto aqui ainda é *humano* demais!...

— Aliás – respondi –, como deve ser! O que esperávamos de nós mesmos? Deixamos o corpo na exata condição espiritual em que nos encontramos. Não existe milagre de transformação... O Mundo Espiritual não é *mágico*, como muitos supõem.

— Pois eu, Doutor – disse Manoel –, alimentava a esperança de que a sobrevivência, por si só, nos livrasse de muitas mazelas; a Domingas está coberta de razão: isto aqui ainda é *humano* demais!... Talvez, por este motivo, os nossos irmãos encarnados estejam com dificuldade para assimilar as novas informações que lhes chegam, através dos canais da mediunidade.

— Precisamos, porém – considerei –, fazer justiça à literatura de Chico Xavier: as informações referidas por você, desde muito, estão lá! O pessoal é que não tem tido "olhos de ler"...

— Neste sentido, penitencio-me – aparteou Domingas. — Eu procurava ler muito, Doutor, mas a minha cabeça não dava, não comportava tanta luz, não sei... A verdade é que não conseguia penetrar no espírito da letra! Lia, assimilava algo, mas não com profundidade. Quando chegava a pegar um livro, eu já estava de cabeça cansada e, por vezes, acabava cochilando.

— Domingas – falou Manoel –, em matéria de pegar livro espírita para ler, comigo eram dez tentativas e onze desistências...

— E não era por falta de eu insistir com você para que lesse, não é, Manoel? Recordo-me de que chegava a ser inconveniente.

— O senhor, de fato, me azucrinava muito para que lesse e, admito, mais devia ter me azucrinado. Perdi a conta dos livros que o senhor me doava, livros que eu mal conseguia abrir para lhe dar uma satisfação do conteúdo das primeiras páginas. Para mim, estar trabalhando na caridade era mais do que suficiente para me garantir...

— Manoel, você sabe que, por vezes, eu também pensava assim? – endossou Domingas. — Estar no exercício da mediunidade e praticar o bem aliviavam a minha consciência, no que tange à minha falta de empenho para aumentar o meu cabedal de conhecimentos doutrinários.

— A coisa não é bem assim – comentei. — É lógico que a vivência da Mensagem é importante, mas como mais bem vivenciá-la, se a desconhecemos em sua amplitude? Não podemos nos esquecer das palavras de Jesus: "Conhecereis a Verdade, e a Verdade vos libertará..." Conhecimento gradativo pressupõe gradativa libertação, concordam? Ou seja: haveremos de nos libertar na exata medida dos conhecimentos adquiridos!

— Por um arrependimento de última hora!

— Exatamente, Manoel – falei. — Os próprios adeptos da Doutrina, muitos deles – e gente considerada intelectual –, se recusam a admitir a Vida além da morte sem alterações de vulto, na expectativa de que venham a se deparar com um Mundo Espiritual próximo do que imaginam e não do que efetivamente ele é.

— Por este motivo, Doutor! – perguntou Domingas –, as suas obras mediúnicas têm sido combatidas, não acha?

— Em parte – respondi. — Sinceramente, não considero as minhas obras tão relevantes assim... O pessoal está me supervalorizando.

— Modéstia sua, Doutor. Os seus livros têm incomodado...

— Talvez pela linguagem utilizada, o meu jeito espontâneo de ser – não consigo ser o Inácio que muitos querem que eu seja!

— Não é só pela linguagem, não! – observou a confreira. — O problema é que o senhor é direto no que diz: não efetua rodeios com a palavra.

— E diz o que muitos não querem! – exclamou Manoel.

— Ora, não me bajulem, que eu vou acabar acreditando!... Ainda sou suscetível à vaidade! Por favor, falem mal, mas não me incensem. Deus me livre de elogios!

— Não, Doutor, não se trata de elogio; as suas obras, de fato, são provocativas, induzem a pensar...

— Deixemos de lado este assunto – solicitei – e voltemos a André Luiz. O que vocês me dizem desta frase: **"Não adestrara órgãos para a vida nova?"**

— E não adestramos mesmo, Doutor – enfatizou a querida irmã. — Vejamos o meu caso, no que tange ao estômago somente: por vezes, ainda sinto uma fome!... Tenho que me controlar para não atacar as panelas... da Terra! Não fosse o relativo esclarecimento que possuo, estaria vampirizando os inveterados comedores de carne apimentada!

Eu e Manoel sorrimos da franqueza de Domingas que, para fazer bom humor, às últimas palavras pronunciadas, lambera os beiços, como se estivesse degustando uma coxa de frango ou um pedaço de picanha assada.

Após breve intervalo, Manoel Roberto testemunhou:

— Confesso que, de minha parte, não adestrei órgãos sexuais... Não preciso dizer mais. Ou preciso?

Amenizando o honesto depoimento do companheiro, retruquei:

— Não enveredemos por este campo, do qual poucos, ou melhor, pouquíssimos escapam. Permaneçamos na *periferia*, Manoel. Não ataquemos o ponto central da questão.

— Está certo. Então não adestrei os pulmões...

— Tabagismo? Ora, eu fazendo a sua defesa e você me atacando... Está vendo, Domingas, como são os amigos?

— Doutor, mas eu também fui viciado... Não consegui fumar tanto quanto o senhor, que desencarnou mais tarde do que eu...

— Domingas, você viu?! Com um amigo igual ao Manoel, quem precisa de inimigos, hem?...

Enquanto ela sorria, voltei a falar sério:

— Eu não sei onde era mais difícil respirar, para mim: se no corpo, com os pulmões atacados pelo enfisema, ou se na atmosfera rarefeita do Plano Espiritual! Estando *lá*, eu queria respirar *aqui*; estando *aqui*, eu queria respirar *lá*... Dos Dois Lados da Vida, o ar me faltava!

Tornei a efetuar ligeira pausa, argumentando em seguida:

— Mas, segundo creio, André Luiz vai mais fundo na questão: ele está se referindo à nossa falta de preparo interior – em outras palavras, à nossa vida mental.

— Sim, é isto – concordaram os dois em uníssono.

— Afinal de contas – retrucou Domingas –, não é o que entra pela boca que faz mal. Certo, Doutor?

— Desde que você não tome um copo de veneno!

— Quero me referir ao espírito, como Jesus se referiu.

— Ah, sim! Então o raciocínio é válido. De fato, o que sai pela boca é bem mais prejudicial do que aquilo que entra... E, por este prisma, chegamos ao ponto: olhos, ouvidos e boca!

— Doutor – pediu Manoel –, detalhe para nós.

— Tem gente que não come igual a Domingas comia e não fuma como fumávamos eu e você, certo?

— Sem dúvida.

— Mas, por outro lado, é maledicente e concentra sentidos no que é exclusivamente físico. Gente que só fala no mal, que só enxerga o mal e só escuta o mal! Gente que não se esforça para entrar em sintonia com o aspecto positivo das coisas...

— Nossa! – exclamou Domingas. — A coisa é muito mais profunda do que possamos imaginar – essa história de adestrar órgãos para a vida nova. Se for assim...

— *Se for assim*, não: você sabe que é assim! Aliás, a Sabedoria de Jesus é fantástica.

Sei que, fazendo o elogio do Mestre, estou "chovendo no molhado", mas, a cada dia, me surpreendo com tudo o que está no Evangelho, cujas lições de vida eterna podem ser aplicadas ao entendimento de todas as coisas.

E puxando pela memória, citei:

— "*Se a vossa mão ou o vosso pé vos é objeto de escândalo, cortai-os e lançai-os longe de vós; melhor será para vós que entreis na vida tendo um só pé ou uma só mão, do que terdes dois e serdes lançados no fogo eterno. — Se vosso olho vos é objeto de escândalo, arrancai-o e lançai-o longe de vós; melhor para vós será que entreis na vida tendo um só olho, do que terdes dois e serdes precipitados no fogo do inferno*".

— Doutor, que interessante! – voltou a exclamar Domingas. — Eu nunca havia ligado um assunto a outro.

— Nem eu – disse por minha vez.

— Como?!

— Ocorreu-me agora, Domingas, neste momento, a vinculação do que escreveu André Luiz, no texto mencionado, com as palavras de Jesus.

— E o senhor ainda vive apregoando que não é médium!

— Médium de receber espíritos, assim como você recebia e recebe, não sou! Mas, por outro lado, devo admitir que a inspiração não possa provir do nada: *alguém* deve perder o seu tempo comigo, soprando-me estas coisas... De minha cabeça é que tais ideias não nascem!

Manoel, que silenciara, comentou:

— Pelo que estou deduzindo, a gente tem que procurar entrar quase sem corpo no Mundo Espiritual; tem que deixar tudo *lá embaixo*: olhos, ouvidos, boca...

— Estômago! – mencionou Domingas a sua parte sensível.

— Genitália, pulmões...

— Mais uma vez, permitam-me citar Jesus, na extraordinária Parábola do Festim de Bodas – apenas um trecho: *"Entrou, em seguida, o rei para ver os que estavam à mesa, e, dando com um homem que não vestia a túnica nupcial, disse-lhe: Meu amigo, como entraste aqui sem a túnica nupcial? O homem guardou silêncio. — Então, disse o rei à sua gente: Atai-lhe as mãos e os pés e lançai-o nas trevas exteriores: aí é que haverá prantos e ranger de dentes; — porquanto, muitos há chamados, mas poucos escolhidos."*

— Qual é a interpretação? – indagou Domingas com vivo interesse.

— Salvo melhor juízo – considerei –, a *túnica nupcial* é o perispírito: sem que ele se nos mostre translúcido, etéreo, compatível com as dimensões espirituais que almejamos atingir, não participaremos do *festim*, ou seja, da vida fora da matéria densa – seremos, naturalmente, lançados às trevas exteriores...

— Às trevas exteriores?! – interrogou Manoel.

— À reencarnação! À bênção do recomeço!...

Relendo a primeira frase do parágrafo já referido na obra "Nosso Lar" – *"Enfim, como a flor de estufa, não suportava agora o clima das realidades eternas"* –, prossegui:

— Muitos espíritos reencarnam por sua absoluta incapacidade de adaptação às Regiões Espirituais superiores à Crosta. Atentemos para o depoimento do preclaro autor espiritual, destacando as palavras *suportar* e *clima*: *"... não suportava agora o clima das realidades eternas".*

— Eu já tinha ouvido falar em quem não suporta o clima excessivamente quente ou frio...

— Pois é, Domingas, existe também a questão do *clima espiritual*! Estamos por aqui, porque não suportamos estar acima – não temos perispírito para tanto! Em outras palavras, não somos dotados de pulmões para respirar em dimensões tão rarefeitas. A nossa *túnica nupcial*, por enquanto, é de baixa qualidade, entretecida com saco de aniagem, daquele mais grosseiro de acondicionar batatas...

— Quer dizer, então, Doutor - inquiriu Manoel com inteligência –, que toda a nossa luta evolutiva é pela tessitura de um corpo espiritual compatível com a natureza do próprio espírito?

# Capítulo 3

— Correto, Manoel – respondi, dando seguimento ao diálogo. — Há um trecho de "O Evangelho Segundo o Espiritismo" que sempre me chamou a atenção. Eu o lia e relia, mais bem tentando entendê-lo. Se vocês me permitem...

— Claro, Doutor – respondeu Domingas. — Leia-o para nós.

— Está aqui no Capítulo VI, "O Cristo Consolador", numa mensagem de *O Espírito de Verdade*: *"Bebei na fonte viva do amor e preparai-vos, cativos da vida, a lançar-vos um dia, livres e alegres, no seio d'Aquele que vos criou fracos para vos tornar perfectíveis e que quer modeleis vós mesmos a vossa maleável argila, a fim de serdes os artífices da vossa imortalidade".*

— Interessante - aduziu a companheira. — Eu também nunca entendia muito bem esta parte: "... *a fim de serdes os artífices da vossa imortalidade!*"

— Como se imortais não fôssemos, não é?! - considerou Manoel, indo ao cerne da questão.

— O homem, por sua *dupla natureza*, física e extrafísica, ou seja, por seu corpo material e espiritual, é, ao mesmo tempo, mortal e imortal. Deixem-me clarear um pouco mais o raciocínio, a fim de que não paire qualquer dúvida.

Concatenando ideias, continuei.

— Em nossa própria essência, é óbvio, somos imortais - ninguém morre! Todavia, enquanto não alcançarmos a perfeição, todos estaremos sujeitos à Lei da Reencarnação: em outras palavras, a sucessivos renascimentos e *mortes*...

— O homem *morrerá*, até que não necessite mais renascer num corpo perecível, é isto?

— É isto, Manoel - concordei. — Criados simples e ignorantes, a matéria é o nosso cadinho evolutivo; em contato com ela é que desenvolvemos as qualidades que herdamos de Deus...

— Ah! – aparteou Domingas –, foi o que André Luiz quis dizer quando ditou: *"Não desenvolvera os germes divinos que o Senhor da Vida colocara em minh'alma"*.

— Exatamente. Sem *morrer*, sucessivas vezes, não entraremos na posse de nossa verdadeira imortalidade.

— Para deixar de *morrer*, precisamos *morrer*... É como se fosse um processo de *decantação espiritual!*

— A sua analogia é ótima! É isto mesmo. Agora, respondendo ao Manoel, toda a nossa luta, de fato, é pela construção de um corpo espiritual adequado à nossa natureza. Estamos à procura de nossa identidade original. Buscamos definitiva integração com Deus!

— O espírito aperfeiçoa a matéria e, consequentemente, é aperfeiçoado por ela.

—*Filosoficamente e antropologicamente* correto! – gracejei.

— Por favor, Doutor – devolveu Domingas com bom humor –, não comece a falar grego, que eu mal entendo o nosso português caipira, falado lá no interior de Minas Gerais...

— Pois é, minha cara – acrescentei suspirando –, a caminhada é longa e árdua. Não há favorecimentos ilícitos. O espírito deve transpor a imensa escada da Evolução, degrau a degrau. Daí a constatação de que, embora desencarnados, continuamos, fora do corpo, tão humanos quanto éramos. Deixamos tão-somente um dos muitos invólucros que nos revestem...

— E assim mesmo, não de maneira definitiva.

— Ainda não! Para alguns poucos que desencarnam, doravante, a Vida passa a ser daqui para cima...

— E para nós, Doutor, que fazemos parte da generalidade?

— Para nós – brinquei –, principalmente para vocês dois, grudados às sensações da matéria e presos a tantas paixões, a Vida ainda é daqui para baixo...

Domingas e Manoel sorriram.

— Vocês ainda não deram tudo o que podiam em contribuição ao aperfeiçoamento da espécie! Depois de algum tempinho aqui, na Vida Espiritual, reencarnarão, levando consigo diminutas modificações genéticas para o corpo, que se aperfeiçoa com extrema lentidão.

Apanhando o conteúdo *filosófico e antropológico* de minhas palavras, perguntou Domingas:

— Doutor, pelo que deduzo, neste Outro Lado igualmente se pode "adequar órgãos"?

— Perfeitamente – respondi, elucidando. — Quanto maior for o tempo de permanência do espírito no Mundo Espiritual, sob a influência do meio em que passa a viver transitoriamente, maior será a sua possibilidade de imprimir transformações de natureza genética ao futuro corpo carnal que ocupará.

— Que interessante! – exclamou Manoel.

— Coloque *interessante* nisto – replicou a companheira, efetuando rápidas anotações num pedaço de papel. — É tão interessante, que não quero esquecer!

— Doutor, fale mais um pouco sobre o assunto – solicitou o devotado amigo.

— Vocês concordam que, com a desencarnação, os nossos hábitos vêm, gradativamente, se modificando?

— E como!

— Alimentação diferente, mais leve, embora ainda não seja o *maná* que caiu do Céu, alimentando o povo hebreu em sua peregrinação pelo deserto...

— A gente tem dormido menos – observou Domingas, quase a bocejar.

— O ar que respiramos é mais rarefeito, quase sem poluentes...

— A água é mais pura!

— Estamos relacionando as influências de caráter externo... O que me dizem das consideradas de caráter interno?

— Um novo modo de pensar! – respondeu a autora de "Eu, Espírito Comum".

— Uma nova cultura! Concepções completamente diversas, no que tange à vida e à morte – emendou Manoel com precisão.

— Todas estas coisas, somadas umas às outras, hábitos e anseios, vão alterando para melhor o nosso acervo genético. Nos Dois Lados da Vida, de maneira consciente ou inconsciente, o espírito trabalha para ser o "artífice de sua imortalidade"!

— Mas as Trevas trabalham em sentido contrário, não?

— Infelizmente, sim: conspiram contra a Evolução – concordei. — Nos mais insignificantes pormenores, as Trevas trabalham pela supremacia da matéria sobre o espírito – pelo desarranjo genético que prenda o espírito nas teias da vida material.

— Onde eles concentrariam esforços? Em que parte do corpo humano? Seria no estômago?...

— Não, Domingas: é no cérebro, a sede da mente. Atacam a *periferia*, mas o objetivo é o *centro*... As Trevas querem impedir, a todo custo, os encarnados de pensar! Por este motivo, os distraem com comida, bebida e sexo...

— Sem mencionarmos as drogas...

— E a falta de fé em Deus!

— Impedindo o homem de "adestrar órgãos", o que acontece?

— A Evolução se detém...

— Não, Manoel, não se detém nunca, todavia a Evolução quase se anula... Compreenderam? – inquiri aos dois, com receio de que não estivessem me acompanhando as reflexões.

— Com clareza.

— Meu Deus, como é extensa a luta! – redarguiu Domingas.

— De fato, mas não podemos desanimar; precisamos continuar dando combate aos nossos hábitos perniciosos, inclusive proporcionando à mente um novo repasto...

— Quando na Terra, a não ser de raro em raro, a gente não pensa nisto.

— Vejamos a importância do Espiritismo em nossas vidas – acentuei. — A Doutrina representa um avanço extraordinário para a Humanidade, pois, ensejando ao espírito semelhante conscientização enquanto ainda no corpo de carne, ela o equipa para a luta que não mais deve ser postergada. O Espiritismo é uma nova cultura, com revolucionária proposta de renovação. O espírita, em maior estágio de lucidez, passa a combater a si mesmo em todas as frentes de batalha.

— A ser comedido em tudo, não é?

— No que tange a mim, digo-lhes que não consegui apenas no que diz respeito ao hábito de fumar... O cigarro me impregnava o corpo de toxinas que, caindo na circulação sanguínea, me eclipsava o cérebro: o prejuízo não foi só para os pulmões, não!

— Neste sentido, as Trevas me pegavam era pelo estômago – confessou Domingas. — Com as minhas muitas arrobas, eu vivia sonolenta...

— Comigo – disse Manoel –, foi em quase todas as áreas, que não vêm ao caso mencionar.

Silenciamos por instantes, e a estimada confreira exclamou, pensativa:

— Ora, como uma simples lição de "Nosso Lar" nos levou tão longe!

— Você imaginou, então, o que dizer, se estudássemos o livro inteiro?

— É verdade, Manoel.

E, virando-se para mim, propôs:

— Dr. Inácio, por que não criamos aqui um círculo de estudos em torno da obra? O senhor poderia participar conosco. Sei de suas muitas ocupações, mas a iniciativa haveria de nos ser extremamente útil. E, depois, as lições estudadas poderiam ser repassadas aos nossos irmãos *lá embaixo*... O que acha? Diga que sim! – insistiu.

# Capítulo 4

— Domingas, eu não sou nenhuma autoridade em Doutrina, felizmente – respondi com sinceridade. — E, conforme sabe, para tantos *doutores da lei* reencarnados em nossos arraiais, eu não passo de espírito mistificador...

— Doutor – contra-argumentou a companheira –, eu prefiro aprender com um *mistificador* assim a fazê-lo com um fariseu como eles!

— Eu também! – fez coro Manoel Roberto, pressionando-me.

— Bem – ponderei, anuindo –, concordo, desde, porém, que vocês igualmente convençam o Odilon a participar. Não devo assumir sozinho tamanha responsabilidade!

— Hoje mesmo, voltando ao "Liceu", conversarei com ele e tenho certeza de que o Instrutor responderá positivamente.

— Como você pretende fazer que seja o círculo de estudos? – questionei.

— Mais ou menos como nas reuniões na União da Mocidade, no Centro Espírita "Uberabense", que o senhor coordenava aos sábados, recorda-se?

— Como poderia não me recordar daqueles tempos áureos?! – redargui, saudoso de nossas antigas tertúlias doutrinárias.

— De fato, Doutor – aparteou Manoel Roberto –, que reuniões inesquecíveis! Encontros memoráveis eram aqueles!

— Não convide muita gente, por favor. Façamos algo mais íntimo, com a participação de, no máximo, uma dúzia de interessados.

— Pode deixar comigo – prometeu a dinâmica confreira.

— E que seja informal – acrescentei. — Sou avesso a reuniões espíritas cheias das convenções do mundo. Que seja bem simples, como este bate-papo que estamos mantendo. Creio, inclusive, que assim o aproveitamento será maior. E espero não ter que comparecer de paletó e gravata, pois aí eu simplesmente não irei!

— Estou pensando, Doutor, em montar um painel simulando um diálogo numa sala de visitas. O que acha da ideia?

— A princípio, interessante. Evitaremos palestras cansativas.

— Colocaremos algumas cadeiras...

— No mesmo nível das demais – nada de palco, certo? Eu não quero estar no centro de nada – absolutamente nada!

— O senhor manda...

— Não, estou pedindo! A minha vaidade é um monstro adormecido; sei que, ao menor descuido, ele despertará e me engolirá inteirinho...

— Além do Dr. Odilon Fernandes, o senhor gostaria da participação de mais alguém?

— Se a Modesta puder, gostarei muitíssimo – sugeri.

— Falaremos também a ela, não é, Manoel?

— Sem dúvida.

— Outra coisa: o livro "Nosso Lar" é constituído de 50 capítulos; impossível que esgotemos todos os assuntos que neles são abordados... Comentaremos apenas alguns tópicos de certos capítulos, tendo o cuidado de que a reunião não exceda hora e meia...

— Pode deixar: 90 minutos cronometrados!

— Mais do que isto, o pessoal irá dormir, além do que, temos outros compromissos.

— Estou calculando três meses de estudo, em dias alternados, salvo alguma eventualidade que nos leve a cancelar esta ou aquela reunião.

— No entanto – frisei –, procuraremos ser disciplinados.

Despedimo-nos ali e, com o seu entusiasmo contagiante, Domingas saiu com as suas passadas largas, determinada a colocar o projeto em funcionamento.

Assim que a irmã se retirou, Manoel falou comigo:

— Doutor, precisamos resolver aquele problema...

— Que problema? – indaguei. — O do Saul?...

— Não está tendo jeito. Todas as tentativas já foram esgotadas com ele! Já lhe demos todas as oportunidades. A única saída agora...

— É a demissão!

— Não temos alternativa. Ele continua fazendo intrigas com todo o mundo...

— Sim, senhor! – retruquei. — Se me falassem em intriga depois da morte, em fofocas no Mundo Espiritual, eu não acreditaria! Que coisa! E partindo de um homem velho, com a cabeça branca. Já perdi a conta das vezes que conversei com ele...

— Com a última, há vinte dias, nove vezes, Doutor!

— O Divino Senhor há de me perdoar – murmurei –, mas o "setenta vezes sete" está difícil com ele... Acho que vou ficar devendo ao Evangelho!

— Posso chamá-lo? – perguntou Manoel, sempre atento ao bom andamento das atividades no Hospital.

— Pode.

Não demorou muito e aquele homem quase da minha idade estava diante de mim como uma ovelha inocente.

— Como vai, Saul? – saudei-o, procurando puxar conversa.

— Mal, Doutor, mal...

— Qual o motivo?

— Eu sei que já vieram enredar de mim para o senhor, de novo.

E, com olhos súplices, tentando uma vez mais me sensibilizar, falou:

— Doutor, eu sou um homem de bem...

— Não fala mal de ninguém!

— Absolutamente! Eu sou um homem muito sistemático; a educação que a minha mãe me deu...

— Saul - pedi -, não coloque a sua santa mãezinha nisto. Conversemos nós dois, de homem para homem. Sinceramente, eu não sei mais o que faço com você...

— Aí, está vendo? Eu não falei que vieram fofocar de mim para o senhor?

— Você está perturbando a tranquilidade do Hospital.

— Doutor, eu não minto. Alguma coisinha que eu possa ter falado é tudo verdade.

E, revelando a sua estranha patologia, aproximou-se, dizendo:

— Aquela moça, de fato, fica lá, flertando com todo o mundo, dando confiança até para homem casado. E o João Carlos, que o senhor colocou para trabalhar no jardim, não faz nada: eu já o peguei cochilando duas vezes. Conhece o Aparecido? Pois é, ele anda falando do senhor pelas costas... Eu, não. Eu o defendo! Mas ele, Doutor, diz que o senhor é muito exigente, que tem os seus protegidos aqui dentro, como o Manoel Roberto e tantos outros.

— Saul, meu filho - tentei interceptá-lo.

— Não sou um homem maledicente, mas o que quer que eu faça, se vejo e ouço as coisas? Tem um enfermeiro, o Benedito, ele não é espírita nada: finge que é para agradar ao senhor. Outro dia, o peguei falando que não acredita em Reencarnação... O senhor tem que abrir os olhos com essa gente; poucos aqui são de confiança... E a Catarina, então? Eu já a vi maltratando uma das internas...

O homem fazia com a língua na boca o que uma metralhadora não faria nas mãos de um guerrilheiro: ninguém estava escapando daquele cerrado tiroteio...

— Doutor, outro dia, quando andava por um dos corredores...

— Alto lá! – solicitei. — Saul, por favor, sente-se, fique calado e escute o que vou lhe dizer. Das duas, uma: ou você aceita continuar no Hospital, mas na condição de paciente, ou eu vou mandá-lo embora hoje, agora, neste exato momento!

— Doutor!

— Você está doente! Você sabia que a maledicência é uma doença?

— Mas eu...

— Meu filho, eu não posso continuar com você aqui assim. O nosso pessoal ainda não está tão imune, que consiga ignorá-lo. Isto aqui é uma *sucursal* da Terra, mas não é mais a Terra. Não estamos mais envergando aquele corpo cheio de gordura... Será que você não compreende? Não lhe passa pela cabeça que precisamos modificar valores? Você é imortal, Saul! Quer renascer como? Mudo ou na prova da idiotia, incapaz de sequer articular um pensamento? É o que vai acontecer a você.

— Doutor, eu...

— Você está doente! – enfatizei, interrompendo-o. — Pare de fazer intrigas! Isto é o Mundo Espiritual! *Você não tem o direito de continuar sendo tão humano assim!* Você é espírito, entendeu? Espírito liberto do corpo material...

— Sei disto, mas isto aqui não é o Céu! Aqui, com raras exceções, todo o mundo continua errando, comendo arroz com feijão... Para mim, estamos apenas no outro lado da Terra e não no Outro Lado da Vida.

— Você "tem razão, mas vai preso, assim mesmo" – disse-lhe, recordando velho ditado terrestre. — Considere-se demitido de suas funções no Hospital. Aqui, eu não admito fofocas de espécie alguma. Chega, que você já foi longe demais!

Saul abaixou a cabeça e, então, perguntei:

— Você quer se tratar? Quer ser meu paciente?

— Se o senhor acha que eu preciso, aceito, desde que seja o meu médico.

E, olhando para os lados, a ver se ninguém o escutava, falou-me em tom de confidência:

— O *Dr. Fulano de Tal* (declinou nome e sobrenome do médico) não gosta de trabalhar: ele só sabe preencher papelada... Já lhe disseram isto?

# *Capítulo 5*

No outro dia, logo de manhã, recebia a simpática visita de Modesta.

— Olá, Inácio! Como vai? – saudou-me, descontraída.

— Na luta que a morte não interrompeu, graças a Deus!

— A Domingas me falou sobre o projeto para estudarmos "Nosso Lar". Que beleza! Hão de ser reuniões muito proveitosas.

Sentando-se numa poltrona próxima, observou:

— Engraçado, você se lembra de que lhe manifestava a vontade que eu tinha de estudar mais a fundo a referida obra?

— É claro. Eu também, diversas vezes, ensaiei fazê-lo, mas sempre me embaraçava.

— Ora, você não tinha tempo para nada; não sei como é que conseguia realizar tanto... Só de arranjar cabeça para ouvir tanta gente!

— O curioso, Modesta, é que o estudo desse livro, mesmo aqui, no ambiente em que ele foi escrito, ou seja, no Mundo Espiritual, há de nos ser muito útil. A ideia de Domingas foi muito boa!

— Concordo. Qual nos acontecia na Terra, vivemos aqui sem muita noção de eternidade, não? Como você próprio costuma dizer, isto aqui ainda é muito humano.

— A rigor, nós é que continuamos os mesmos. Estamos meio sem saber o que fazer com a própria imortalidade.

— Agora é que estamos *acordando*, não? Quanto tempo dormindo, meu Deus! Sem o conhecimento do Espiritismo, eu não sei o que seria de mim...

— Provavelmente, continuaria dormindo, Modesta.

— Nossa! O Mundo Espiritual para muita *gente morta* é como se não existisse. Difícil de acreditar! Só agora estou mais bem compreendendo aqueles espíritos...

— Aquele *pessoal*, Modesta, aquele *povo* – vamos nos habituar a falar assim. Quando falamos "espírito", é como se não estivéssemos falando de nós mesmos; fica aquela sensação de estarmos nos referindo a uma entidade à parte...

— Você tem razão.

E reformulou a frase:

— Só agora estou mais bem compreendendo aquele *pessoal* que ia conversar conosco nas sessões de desobsessão – aquela *gente* que não sabia que estava *morta*... Que coisa, um espírito não saber que está morto! Ignorar que voltou para o seu próprio meio... Confesso a você que isto sempre me intrigou muito. Como médium, Inácio, eu sentia toda aquela dúvida do espírito...

— O problema, Modesta, é a ideia que sustentávamos de um Plano Espiritual muito acima.

Pausei por instantes e, pegando um papel sobre a mesa, li em voz alta:

*"Tendes de reconhecer, primeiramente, que* ***o Além não é uma região, e sim um estado imperceptível para a vossa potencialidade sensorial*** (destaquei). *E entendereis que igualmente nós somos ainda relativos, sem nenhum característico absoluto, irmãos de vossa posição espiritual, em caminho para as outras realizações e conquistas, como vós outros."*

— Que achado! - exclamou. — Quem é o autor? Você?

— Quem me dera! - respondi. — É de Emmanuel, através do lápis abençoado de Chico Xavier.

— Quando ele escreveu isto? Sabe-se?

— No dia 2 de abril de 1938! A mensagem, na íntegra, está inserida num livro recentemente lançado, sob o título "Um Amor, Muitas Vidas".

— Inácio! Esta é a melhor definição de Mundo Espiritual que já ouvi. Repita, por favor, o trecho a que você deu ênfase ao ler.

— ***"... o Além não é uma região, e sim um estado imperceptível para a vossa potencialidade sensorial"!***

— Isto é conceito da Física mais avançada, do que denominaram de "Física Quântica"!

— Exatamente, Modesta. O Além, não sendo uma região, não está aqui, lá e nem tampouco alhures...

— Não; está em toda parte!

— Eis no que se nos resumem Plano Material e Plano Espiritual.

— É uma questão de *percepção*! Não temos sentidos apurados para perceber o que transcende... Dá, por exemplo, para que os nossos irmãos *lá embaixo* entendam que nós, os desencarnados, estamos rodeados por outro Plano Espiritual?

— Para a maioria, devo reconhecer que se trata de exercício mental um tanto complexo.

— Na desencarnação, não existe radicalismo: estamos vendo isto aqui todos os dias. Numa escala, por exemplo, de cem centímetros – um metro de comprimento –, desencarnar é *saltar* de um centímetro para outro...

— Se bem que, às vezes, se pode evoluir em *progressão geométrica*, não?

— Sim, caminhar de dois em dois ou de três em três centímetros, mas isto raramente acontece. Impossível caminhar *pulando* estágios! O que pode ocorrer é o aproveitamento integral desta ou daquela experiência reencarnatória, conduzindo o espírito a outros patamares evolutivos. Aqui, Modesta, também podemos aplicar o ensinamento de Jesus: ***"... àquele que já tem, mais se lhe dará e ele ficará na abundância"!***

— Traduza para mim.

— É simples: quanto mais se aprende, maior é a possibilidade de se aprender!

— Ou seja: sobre o alicerce se constroem as paredes...

— E sobre as paredes, o telhado!

— Porém, se faltam alicerce e paredes...

— Tudo está para ser feito!

— Desconfio que eu seja terra rasa, Inácio.

— Sem o Espiritismo, sim, nós seríamos – eu e você – terra rasa, mas, com o conhecimento espírita, algum alicercezinho nós já somos. Ainda não dá para levantar paredes, mas...

— Inácio, eu me lembro de você citar uma frase de D. Maria João de Deus, semelhante a esta de Emmanuel. Qual é?

— Ah, sim! Está em "Cartas de Uma Morta", escrito em 1935, também de autoria mediúnica de Chico Xavier: **"A vida é o eterno fenômeno dos jogos vibratórios..."**

— O estado vibratório da matéria é que, na verdade, a torna mais ou menos etérea, não?

— Correto. Está lá em "O Livro dos Espíritos", na resposta dada à questão 22: ***"Mas a matéria existe em estados que não conheceis. Ela pode ser, por exemplo, tão etérea e sutil, que não produza nenhuma impressão nos vossos sentidos; entretanto será sempre matéria, embora não o seja para vós."***

— É, antes de falar de qualquer coisa, acreditando-se na posse da verdade absoluta, o homem precisa estudar muito.

— Principalmente nós, os espíritas, Modesta, que detemos um conhecimento superficial da Doutrina.

— Sem o exercício da reflexão...

— Apegados ao sentido literal da palavra!

— Precisamos, pois, compreender, como você costuma dizer, que, dentro de pouco tempo, estar ou deixarmos de estar encarnados será apenas uma questão de um pouco mais ou um pouco menos de matéria.

— Sim, de um rearranjo das moléculas atômicas que nos constitui o envoltório externo, na projeção mais material de nós mesmos.

— Você, Inácio, quando quer falar sério...

— Entretanto custa-me – acredite. Para mim, a Vida é alegria. Não sei por que o Mundo Espiritual tem que se apresentar aos encarnados com sisudez. Apenas para satisfazer os que não sabem sorrir?

— Você tem razão.

— O Espiritismo, igualmente, é o reviver da alegria do Evangelho! Eu não consigo conceber Jesus triste... Veja: os pássaros cantam, as flores desabrocham ao Sol, as estrelas tremeluzem no firmamento... Como costumava dizer Chico Xavier, Jesus nasceu com os anjos fazendo serenata no Céu! Você se recorda da alegria de nosso Chico?

— Como não?! Ele sabia e gostava de sorrir...

— Pois é: a gente quer brincar, e conspiram contra o nosso bom humor, como se aqui, no País dos Mortos, devêssemos viver sorumbáticos, condenados a eterna nostalgia. Deus me livre de uma sobrevivência assim!

— *Sorumbático!* – exclamou Modesta. — Há quanto tempo eu não ouvia alguém pronunciar esta palavra...

— É o mesmo que macambúzio!

Modesta sorriu, observando:

— Inácio, com você ninguém pode!

— Engano seu: Deus pode! Agora, abaixo Dele, só Jesus Cristo...

— Pretensioso, hem?

— Não; simplesmente, humano... Será que até o direito de continuar sendo humano querem me cassar? Eu quero prosseguir sendo assim, e daí? Qual é a bronca?

— Para mim, você é *humanamente divino*!

— É claro que sou – como você e todo o mundo. Sendo filhos de Deus, há algo de divino em nossa humanidade! Sei que nasci para ser anjo, mas, por enquanto, eu não dou conta e... estou muito bem assim, obrigado!

# Capítulo 6

Uma batida na porta de meu escritório com discrição e, num átimo, eu e Modesta estávamos recebendo a agradável visita do Diretor do "Liceu da Mediunidade".

— Odilon! – exclamei. — Vamos entrar. Só podia mesmo ser você, com toda a sua elegância. Saiba que ninguém bate à porta qual você o faz! O Manoel, por exemplo, quase derruba tudo aqui! Ele não bate: esmurra...

— Ora, Doutor – justificou-se, sempre polido –, não exagere.

— O Inácio está certo, Odilon - confirmou Modesta. — Quando ouvi tão suaves pancadas, tive certeza de que era você.

— Foi a sua mediunidade - redarguiu o amigo, mostrando que também sabia gracejar.

Todos sorrimos e ele comentou:

— A Domingas me falou sobre os estudos a respeito de "Nosso Lar". Participarei com o maior gosto. Creio mesmo que semelhante inspiração está nos chegando do Alto!

— Do Alto de onde, Odilon? - provoquei. — Não será aqui, onde estamos situados, o teto do Universo? Haverá mais espaço além?...

— Eu sei o que o senhor está querendo dizer - respondeu o Instrutor, repetindo: - O teto do Universo! Se fosse, para que um teto, não é?

— Do que ele nos abrigaria, não é mesmo? - observou Modesta.

— Nada terei a acrescentar sobre o que o senhor disser a respeito dos temas que entrarão em estudo, mas farei questão de participar. Neste sentido, tomei a liberdade de convidar alguns estagiários do "Liceu".

— Como?! - reagi surpreso, olhando para Modesta. — Eu havia pedido a Domingas que o número não excedesse a uma dúzia de interessados...

Ela, porém, dando mostras de que sabia da "trama", procurou disfarçar discreto sorriso.

— Que diferença faz, Doutor, se forem 12 ou 120? – perguntou Odilon, dando início ao processo de me convencer.

— 120?! Dez vezes mais?!...

— Aos sábados, na "União da Mocidade", o senhor reunia número maior.

— É verdade, Inácio – reforçou-lhe Modesta o argumento –: eram mais de 200 pessoas, beirando as 300, talvez!

— Eu não sou orador, não sou palestrante...

— Será um diálogo!

— Piorou: eu não sou ator...

— Uma conversa informal, como você havia pedido – insistiu a abnegada companheira de inesquecíveis lides.

— Conversa informal com tanta gente escutando?!

— Jovens, Inácio, aprendizes como nós mesmos somos.

— Agora já sei o motivo de vocês dois terem vindo aqui! – falei com cara aborrecida.

Ambos sorriram, trocando olhares de cumplicidade.

— Vocês me armaram uma boa – continuei com a minha rabugice estudada, erguendo-me da cadeira e andando de um lado para outro.

— Perdoe-nos! – solicitou-me Modesta.

— Desde que vocês não tornem noutra – disse, disparando a sorrir por minha vez.

— Danadinho! Você estava fazendo cena?

— Afinal – respondi ante a peça que lhes pregara –, eu tenho que ensaiar, não é? Mas que a Domingas me deve explicações, isto deve.

— Coitada! Ela está se vendo em apuros – defendeu Odilon a pupila. — Muita gente está querendo participar dos estudos sobre o livro "Nosso Lar", que, diga-se de passagem, é mais desconhecido de Cá do que de Lá.

— E a obra é *sui generis*, pois que tanto fornece notícias do Plano Espiritual para a Terra, quanto da Terra para o Plano Espiritual!

— Muito bem colocado, Modesta – acentuei com a gravidade que o assunto exigia agora. — De fato, "Nosso Lar" é um dos raros livros escritos para os Dois Mundos! Quase todos em nosso Plano de ação ignoram a realidade do intercâmbio entre desencarnados e encarnados: como que isto é possível e como se processa... Mediunidade aqui é assunto tão desconhecido quanto na Terra!

— Esta conscientização – falou Odilon com clareza –, na qual precisamos intensificar esforços, é de suma importância para que o espírito, no corpo e fora dele, tome em suas mãos as rédeas do próprio destino. Para mim, este é o cerne da questão evolutiva, pois, enquanto o homem não souber verdadeiramente quem é, viverá à mercê das circunstâncias.

— Muitos pensam que a desencarnação é fenômeno que, por si só, equaciona os enigmas da existência...

— Ledo engano, Modesta! – aparteei. — Vejamos: quando vivíamos na Terra, quantas vezes escutamos ironias pela nossa crença na sobrevivência? As pessoas chegavam, inclusive, a duvidar de nosso bom senso e sanidade mental. Era de se pensar que a chamada *morte* solucionasse todos os equívocos e nos desse razão, perante os que nos escarneciam da fé. Hoje, porém, continuamos a lidar com quem, neste Outro Lado, não admite a realidade da Reencarnação – sequer admite que já tenha vivido na Terra! Não é de pasmar?...

— Impressiona, sim – respondeu Modesta. — Vários amigos, sabedores de minha condição de espírita e médium, muitas vezes costumavam me interpelar, dizendo: — "D. Maria Modesto, uma mulher inteligente qual a senhora, acreditar nessas coisas que o Espiritismo prega?!".

— Quando "Nosso Lar" veio a lume, no começo da década de 40 – o prefácio é de 1943 –, quantos chistes de espíritas em torno da obra! Você se recorda? – perguntei a Odilon.

— O livro foi questionado durante anos seguidos. Chico foi rotulado de mistificador;

diziam que o coautor do "Parnaso de Além-Túmulo" andava fascinado.

— Certa vez, recebi uma longa carta de um amigo residente na Espanha que, entre outras coisas, questionava: — "Como?! Uma cidade no Mundo Espiritual?! Isto só existe no Brasil..." E, com base na rivalidade entre Espanha e Portugal, ironizava: — "Ainda fundada por portugueses?! O Espiritismo está se destruindo... Isso não passa de certeira estocada das Trevas contra a Doutrina".

— E, conforme pudemos constatar de experiência própria – elucidou o Instrutor –, o livro não retrata a realidade toda.

— Não – redargui –, está longe disto. Escrevendo através do próprio Chico, enquanto "Nosso Lar" estava sendo psicografado, o espírito Neio Lúcio considerou: *"O nosso livro é, de fato, um trabalho muito profundo, aparentemente dourado com expressões quase fabulosas! É natural. Os elementos superiores não possuíam outro meio de trazer ao conhecimento dos leitores uma grande organização espiritual, senão deste modo.* ***E creiam que as narrativas são pálidas em confronto com o real!".***

Sem perceber, já estávamos, Odilon, Modesta e eu, num preâmbulo do estudo a ser efetuado proximamente.

— Permitam-me outro comentário – solicitei, entusiasmado com a obra objeto de nossas atenções. — Na mesma página mediúnica, Neio Lúcio escreveu ao fim de determinado parágrafo: "*Fazemos votos para que o autor chegue ao termo da etapa com o êxito necessário*". Como vocês interpretam estas palavras?

— Ah! – opinou Modesta –, o médium estava sujeito a fracasso no empreendimento...

— Se não a fracasso – disse Odilon–, pelo menos a não lograr uma boa filtragem ou sintonia...

— Como poderia ocorrer a interferência das Trevas, não? – aventei.

— Sem dúvida, Doutor – concordou Odilon de imediato. — Mas, outro fator deve ser levado ainda em consideração.

— Qual?

— O autor espiritual, no caso André Luiz, também poderia falhar no tentame.

— Confesso que não havia pensado nesta hipótese – observei.

— Hipótese que não pode ser descartada, o senhor sabe. Tanto quanto os médiuns, nós, os autores espirituais, estamos sujeitos a deficiências pessoais. Afinal, como costuma dizer, não passamos de *homens fora do corpo*!

— André Luiz nada diz, mas, ante a precisa colocação de Odilon, sou levada a supor que o autor de "Nosso Lar" tenha enfrentado oposições no Mundo Espiritual...

— Quando *lá embaixo*, Modesta, ninguém pensa nisto: os nossos companheiros acham que tudo nos é facilitado e que não enfrentamos obstáculo algum no contato mais estreito com eles.

— Que o espírito pode tudo...

— Isto não é assim! Só Deus sabe de nosso esforço para *descermos*, nos conservarmos lá por um bom período de tempo, para nos adequarmos às possibilidades do médium...

— À sua boa vontade e interesse – emendou Odilon.

— À sua crença em nós! – resumiu Modesta.

— Com base no que estamos dizendo, outra coisa que carece de ser desmistificada é a mediunidade, concordam?

— Plenamente – responderam os dois quase ao mesmo tempo.

# Capítulo 7

O diálogo entre nós prosseguia interessante.

— O pessoal – comentei – acha que tudo é simples para nós, os desencarnados, não levando em conta as dificuldades com as quais nos defrontamos em nós mesmos para o êxito do intercâmbio mediúnico.

— Inácio – ponderou Modesta –, quando estávamos no corpo, também nos iludíamos a este respeito. Como médium, demorei a compreender que precisava me colocar em melhores condições de sintonia, o que significava estudar sempre, manter elevado padrão vibratório e comungar ideias e ideais com os nossos Benfeitores... Para a maioria, o espírito comunicante haveria de suprir as limitações do médium.

— Eis todo o problema, não é Odilon?

— Sem dúvida, Doutor. Precisamos considerar que, no princípio, a participação intelectual do espírito era razoavelmente maior que a do médium: quase não se dispunha de literatura a respeito que pudesse conscientizar os medianeiros quanto à sua parcela de responsabilidade na tarefa do contato entre as Duas Dimensões... Antes da publicação de "O Livro dos Médiuns", pouco se sabia sobre mediunidade!

— Era algo um tanto misterioso e enigmático, acessível a reduzido número – digamos – de iniciados...

— Mesmo com "O Livro dos Médiuns" – observou Modesta –, toda a abrangência do fenômeno, em seus detalhes e implicações na prática, para mim ainda não estava muito claro.

— Por quê? – perguntei.

— Porque à época da Codificação, conforme sabemos, os médiuns atuavam de maneira mais passiva, mecânica.

— Isso é verdade.

— Posteriormente, como vem gradativamente ocorrendo, os médiuns foram chamados a maior participação – como o Odilon costuma dizer, à parceria mediúnica!

— Permitam-me – solicitei – ser mais claro. Se eu estiver errado, por favor, Odilon, me corrija. Para mim, o que aconteceu foi o seguinte: os espíritos, inicialmente, despenderam grande esforço psíquico – realmente, quase que trabalharam sozinhos na tarefa ingente da Codificação. Os médiuns em geral foram utilizados como eram utilizadas as *mesas girantes*: a sua participação intelectual era mínima!

— Todavia isto teve uma razão de ser – elucidou o Instrutor. — É que os Espíritos, envolvidos mais diretamente no processo da Codificação, temiam por qualquer interferência do médium – interferência negativa, é claro, deturpando a Revelação.

— Odilon, seja mais claro – pediu Modesta.

— A 1ª edição de "O Livro dos Espíritos", que veio a lume em 18 de abril de 1857, era constituída por apenas 501 questões. **E muita gente ignora que não foi psicografada!**

— Não?!

— Foi concebida pela escrita direta! As irmãs Boudin, Julie e Caroline, as principais médiuns que cooperaram na recepção da Obra, atuaram como médiuns de efeitos físicos e não de psicografia propriamente dita.

— Qual o motivo?

— Os Espíritos Superiores, sob a égide do Espírito da Verdade, pretendiam grafar os princípios básicos da Doutrina sem nenhuma interferência humana.

— O que prova que todo médium interfere animicamente no processo – sentenciei.

— Correto. A participação do médium no processo de recepção é inegável. Quanto mais de ordem intelectual for o fenômeno, maior a participação do instrumento mediúnico.

— Copiando você – disse –, o animismo é parte integrante do fenômeno mediúnico.

— O animismo é natural! A mistificação é que nos deve preocupar, visto que tanto o espírito quanto o médium podem mistificar.

Muitos espíritas, infelizmente, não sabem a diferença entre animismo e mistificação.

— Concordo. Por este motivo, na tarefa de esclarecer, precisamos falar e escrever com simplicidade. Sejamos objetivos.

— Você se recorda, Inácio, em nossa época? – interferiu Modesta. — O animismo era considerado o grande inimigo da mediunidade!

— Sendo o seu grande coadjuvante!

— No livro "No Mundo Maior", de André Luiz, no capítulo 9 – um verdadeiro tratado sobre Mediunidade –, falando sobre animismo, Calderaro considera: "*A tese animista é respeitável. Partiu de investigadores conscienciosos e sinceros e nasceu para coibir os prováveis abusos da imaginação; entretanto,* ***vem sendo usada cruelmente pela maioria de nossos colaboradores encarnados, que fazem dela um órgão inquisitorial****, quando deveria aproveitá-la como elemento educativo, na ação fraterna".* (destaquei)

— Que abordagem maravilhosa!

— Calderaro ainda compara o chamado animismo a uma figura da mitologia grega: *"Milhares de companheiros fogem ao trabalho, amedrontados, recuam ante os percalços da iniciação mediúnica, porque o animismo se converteu em Cérbero".*

— "Cérbero"? – indagou Modesta.

— Cérbero era um cão de três cabeças, com serpentes envolvidas no pescoço... Com negros dentes afiados que penetravam até a medula dos ossos, onde injetavam um veneno letal, guardava a entrada dos Infernos e do palácio de Plutão.

— Era manso – chegava a abanar a cauda! – com os que entravam, mas extremamente feroz com quem pretendia escapar – gracejei.

— Mas – observou Odilon – voltemos à participação dos médiuns na Codificação. As irmãs Baudin, duas adolescentes, apenas pousavam as mãos sobre as bordas de uma cestinha de vime: foi assim que os Espíritos grafaram os fundamentos da Doutrina – sem participação direta de mão humana!

— As irmãs Baudin – lembrei – e a Srta. Japhet, Ruth Celine Japhet, de apenas 15 anos de idade, que também prestou valiosa colaboração à tarefa encetada por Kardec.

— Sim, foram as três os principais médiuns com que Kardec pôde contar, principalmente na elaboração de "O Livro dos Espíritos".

Concatenando ideias, Odilon continuou:

— Ainda digno de nota foi o fato de Kardec perguntar ao espírito Hahnemann, um dos integrantes da falange do Espírito da Verdade, sobre a conveniência de poder contar com a participação de outro médium que ele designa apenas por uma inicial: a letra B! Através de Hahnemann, os Espíritos Superiores não concordaram. Mais tarde, Kardec escreveu de próprio punho: "B... era um jovem, médium escrevente, muito fácil, mas assistido por um espírito orgulhoso, déspota e arrogante que tomava o nome de *Áristo*; bajulava nele uma tendência natural ao amor-próprio. As previsões de Hahnemann se realizaram. Esse jovem, tendo acreditado encontrar em sua faculdade uma fonte de fortuna, seja pelas consultas médicas, seja pelas invenções e descobertas rendosas, disso não recolheu senão decepções e mistificações. Algum tempo depois, dele não se ouvia mais falar".

— Que pena! – lamentou Modesta. — Quantos médiuns assim não se perderam!...

— E se perdem todos os dias – completei. — A vaidade, a tentação da fama e a ilusão do poder têm arrasado centenas e centenas de médiuns!

— Quando – prosseguiu o Instrutor – os fundamentos da Doutrina foram transmitidos, já para a 2ª edição de "O Livro dos Espíritos", que, em sua versão definitiva, viria a sair no mês março de 1860, os Espíritos consentiram na participação dos médiuns propriamente psicógrafos!

— Trata-se de fato histórico de suma importância, para a nossa melhor compreensão dos mecanismos da mediunidade.

Ao que acabara de dizer, Modesta acrescentou:

— E não deixa de ser um conforto para nós, os médiuns, que, não raro, vivemos nos atormentando com o problema do animismo!

— Todo médium – enfatizou Odilon – influencia na recepção do pensamento dos espíritos que por ele se expressam. Já não nos preocupa mais semelhante questão. Preocupa-nos, sim, que essa influência seja positiva; em outras palavras, que o médium, compenetrando-se de sua responsabilidade, coopere na melhor tradução da ideia que o espírito comunicante deseja transmitir.

— Para tanto – foi a minha vez de perguntar –, o que é mais necessário ao médium?

— Transparência, sinceridade de propósitos, amor à Causa, comprometimento com o Ideal, desejo de servir ao próximo, desinteresse pessoal...

— A lista é extensa – comentei –, porém você não mencionou o preparo intelectual do médium como um dos fatores?...

— Está em segundo plano – respondeu Odilon sem pestanejar. — O preparo intelectual do médium, sem o ingrediente da humildade, é uma das principais pedras de tropeço, no que tange à fidelidade ao que o espírito tenciona quando se liga a este ou àquele médium para a realização de um trabalho.

— Diante do exposto, como considerarmos o caso de Chico Xavier?

— É a pergunta que eu estava engatilhando para fazer, Modesta – disse a vibrar de entusiasmo.

— Teria sido ele um médium como os demais?

— O que você sabe a respeito, Odilon? Chico se enquadraria na condição de médium comum? Ao que ele dizia, nem sempre operava de maneira inconsciente, logo...

# Capítulo 8

— Não – respondeu o Instrutor –, com todo o respeito aos demais medianeiros, que prestaram ou prestam relevante serviço à Causa, não se pode considerar Chico Xavier na condição de médium comum.

— Você concorda – perguntei em seguida – com a tese de que o seu espírito, antes de reencarnar, esteve com Jesus nas Esferas Resplandecentes?

— Sem dúvida! Além do quê, não se trata apenas de uma tese. Diversos espíritos com os quais temos mantido contato afirmam que, quando Allan Kardec deixou o corpo...

— Em 31 de março de 1869.

— Antes que voltasse para completar a Obra que lhe foi diretamente confiada, esteve durante 40 anos se preparando para o sublime cometimento.

— De 31 de março de 1869 a 2 de abril de 1910!

— Chico, que, em sã consciência, jamais aceitou ser a reencarnação de Allan Kardec, costumava dizer isto, não é, Inácio? – inquiriu Modesta.

— Sim, ele dizia que, antes de reencarnar, se preparou durante 40 anos no Mundo Espiritual. Quanto a não aceitar ser a reencarnação do Codificador, é evidente que, em sua humildade, jamais diria que era!

— Aliás – observou Modesta –, temos aí mais uma evidência favorável e não contra. Se ele, por exemplo, vivesse apregoando que era a reencarnação de Kardec...

— Chico, como aconteceu, desencarnou negando. Ao contrário de outros que, em aparição meteórica no Movimento, diziam ser ou insinuavam que eram Kardec reencarnado!

— Mas – perguntou Modesta a Odilon –, na acepção da palavra, Kardec não era médium?

— Na acepção de palavra, Kardec era, sim, médium – o maior médium da Codificação!

E elucidou:

— Há um acontecimento, narrado pelo próprio Kardec, sobre o qual poucos meditam. "*Eu morava* – diz ele –, *nessa época, na Rua dos Mártires, nº 8, 2º andar, nos fundos da casa. Certa noite, trabalhando em meu gabinete, comecei a ouvir repetidas batidas no tabique que me separava do cômodo vizinho. A princípio, não lhes dei atenção. Como, porém, as batidas persistissem com mais força, mudando de lugar, fui examinar minuciosamente os dois lados do tabique, escutei para ver se provinham do outro andar e não descobri nada. O que havia de particular era que, cada vez que eu ia examinar, o barulho cessava, recomeçando logo que eu me punha a trabalhar novamente*".

— Ah!, sabe que este fato sempre me intrigou! – exclamei. — Kardec era médium de efeitos físicos!...

— E de efeitos intelectuais! – completou o Mentor. — Não exercia os seus dons ostensivamente – apenas isto.

— Continue a narrativa, Odilon – solicitou Modesta.

— Na sessão realizada no dia 25 de março de 1856, em casa do Sr. Baudin, a um ano do lançamento de "O Livro dos Espíritos", através de uma das irmãs Baudin, provavelmente Caroline, a mais velha, Kardec entabula interessante diálogo com o Espírito da Verdade, seu guia espiritual.

P. – *Naturalmente ouvistes o fato que acabei de contar. Poderíeis dizer-me a causa daquelas batidas que se fizeram ouvir com tanta persistência?*

R. – *Era o teu espírito familiar.*

P. – *Com que fim batia ele daquele jeito?*

R. – *Queria comunicar-se contigo.*

P. – *Poderíeis dizer-me quem é ele e o que desejava de mim?*

R. – *Podes perguntar-lhe tu mesmo, porque ele está aqui.*

(...) P. – *Ontem, quando dáveis aquelas batidas enquanto eu trabalhava, tínheis alguma coisa de particular a dizer-me?*

R. – *O que eu tinha a dizer-te refere-se ao trabalho que fazias. Desagradava-me o que escrevias e eu queria que parasses.*

(...) P. – *Vossa desaprovação era quanto ao capítulo que eu estava escrevendo ou quanto à obra toda?*

R. – *Quanto ao capítulo de ontem. Quero que tu mesmo julgues. Relê esta noite o que escreveste. Verás teus erros e os corrigirás.*

P. – *Eu mesmo não estava muito satisfeito com aquele capítulo e já o refiz hoje. Ficou melhor?*

R. – *Está melhor, mas ainda não está bom. Lê da terceira à trigésima linha e encontrarás um erro grave*".

— Kardec era assistido continuamente! – sentenciou Modesta com reverência. — Cada linha de sua lavra era supervisionada pelos Espíritos. Vejamos o cuidado do Mundo Espiritual Superior!

— Detectando uma impropriedade doutrinária, *da terceira à trigésima linha* do texto, impropriedade que, diga-se de passagem, Kardec já intuíra.

— As faculdades mediúnicas no Codificador – explicou Odilon – convergiam para a intuição.

— Novamente você me faz recordar o que Calderaro diz a André Luiz, no capítulo 9 do livro "No Mundo Maior": "*... consideramos que a mediunidade mais estável e mais bela começa, entre os homens, no império da intuição pura*"!

— A tarefa intelectual de Kardec exigia que, do ponto de vista mediúnico, ele se resguardasse tanto quanto possível; todavia, era ele o grande centralizador de toda a movimentação dos Espíritos, que culminou com a Codificação!

— Odilon – indagou Modesta –, você crê que Allan Kardec, ao reencarnar, levou consigo muitas reminiscências do Mundo Espiritual?

Ou seja, que muita coisa do que ele próprio escreveu e ideias que aceitou com facilidade, estivessem em germe em seu espírito?

— Perfeitamente.

— E Chico Xavier também? – sabatinei na sequência.

— É claro – respondeu Odilon, sem titubeios. — Chico, por assim dizer, reencarnou com a verdade na cabeça e o amor no coração!

— Muito bem colocado – endossei.

— Tanto com Kardec quanto com Chico, os Espíritos tiveram apenas que acionar determinados processos mnemônicos. Kardec, por exemplo, desde os seus tempos de sacerdote druida, na Gália, admitia a Reencarnação e a Mediunidade, sendo ele mesmo médium!

— Chico, aos 17 de idade...

— Desde os 4 anos, ele conversava com os espíritos, Doutor – corrigiu-me Modesta.

— Sim, mas o que quero dizer é que, aos 17 anos, ainda católico, se converteu ao Espiritismo com a maior espontaneidade, após ter participado da 1ª reunião espírita, levada a efeito em sua própria casa, em maio de 1927.

— Interessante: foi também no mês de maio, de 1855, que Kardec participou de sua primeira sessão, na residência da Sra. Plainemaison!

— Kardec estabelece contato com o Mundo Espiritual através dos espíritos batedores; Chico conhece a Doutrina através dos obsessores que assediavam uma de suas irmãs...

— Desculpem-me, permitam-me concluir o raciocínio que, neste nosso diálogo, considero de suma importância – pediu Odilon, que raramente nos interceptava a palavra. — Francisco Cândido Xavier – aliás, eu não sei se sabem, mas a palavra *Francisco* significa *"pequeno francês"*...

— O quê?! – manifestou-se Modesta, surpreendida.

— Você não sabia? – perguntei.

— Não! Que interessante!...

— O nosso Chico, como aconteceu a Kardec – prosseguiu Odilon –, foi um coadjuvante da Obra que os Espíritos grafaram por seu intermédio! Todas aquelas revelações não eram, propriamente, novidade para ele...

— Não eram?!

— Não, D. Modesta, não eram! Ao deixar o corpo, conforme dissemos, em 1869, Kardec ascendeu às Dimensões Superiores, passando a viver em contato direto com o Senhor, com cujo espírito se entendia amiúde. Vivendo entre os seus Prepostos, como, por exemplo, o Espírito da Verdade, que João Batista personificou, e tantos outros, Kardec, antes de seu regresso à Terra, se submeteu a uma reciclagem espiritual.

— Que espécie de reciclagem? – perguntou a confreira.

— Estudou, minuciosamente, os Evangelhos, inteirando-se da complexidade da vida nas diferentes Dimensões do Mundo Espiritual, reativou os seus arquivos mnemônicos, no que tange a seu vasto patrimônio intelectual e moral...

Fez ligeira pausa e prosseguiu:

— E, antes de reencarnar, concluindo todo o trabalho de preparação para a missão que ia desempenhar, recebeu do próprio Cristo sublimado *toque em seu espírito*, ampliando consideravelmente a sua capacidade!

— Odilon – interrogou Modesta –, Chico era poeta?

— Era.

- Literato?

— Também.

— Filósofo?

Odilon sorriu e respondeu:

— Ele foi Platão!

— Um homem de gênio, então?

# *Capítulo 9*

— Sem dúvida – respondeu o Instrutor, ampliando considerações. — Chico, a reencarnação do Codificador, possuía conhecimento enciclopédico, o que sobremodo facilitou o trabalho dos Espíritos por intermédio de suas faculdades mediúnicas.

— Odilon, em vista do exposto, o espírito comunicante está subordinado ao que o médium lhe oferece, não? – interroguei.

— Doutor, é extremamente raro que o espírito consiga atuar fora das condições que o médium lhe proporciona. Daí a importância do estudo por parte do médium, assumindo o seu papel de coadjuvante, ou coautor, como queira.

— Mas – insisti – o espírito poderia suprir a falta de capacidade intelectual do medianeiro?

— A rigor, não, a menos que o utilizasse na condição, por exemplo, de uma *mesa girante*...

— Entendo.

— O médium há de oferecer algo ao espírito, nem que seja dos arquivos mais profundos de seu subconsciente. A participação intelectual do médium, nas comunicações inteligentes, é determinante.

— Eu notava, Inácio – observou Modesta –, que os espíritos, quando se expressavam por meu intermédio, tinham extrema dificuldade para falar sobre um assunto que me fugia ao domínio. Eu mesma, temendo estar mistificando, lhes oferecia resistência ao que expunham. Não raro, eles me induziam a pensar durante o dia sobre o que pretendiam discorrer à noite. De outras vezes, me inspiravam a ler a respeito deste ou daquele tema que tencionavam abordar... Quando eu conseguia vencer os meus escrúpulos, o serviço do intercâmbio era facilitado.

— Voltando ao caso de Chico...

— Conforme dissemos, Doutor, durante 40 anos, ele se preparou para completar a tarefa iniciada. Chico reencarnou médium, com a sensibilidade mediúnica à flor da pele.

— O trabalho que desempenhou não poderia ser confiado a outro?

— Da maneira como foi desempenhado por ele, não.

— Por que motivo? – perguntei.

— Porque Chico-Kardec trazia, como ninguém, a Doutrina em seu espírito – ele estava *impregnado* dela! Outros, com certeza, se necessário, poderiam ser chamados à liça, mas não haveriam de se desincumbir tão bem quanto ele o fez. Além do mais, Chico é um espírito altamente compromissado com o Evangelho do Cristo.

— Ele fora *tocado* por Jesus...

— O Espiritismo é a restauração do Evangelho em sua primitiva pureza.

— Muitos adeptos não pensam assim.

— A grande maioria, porém, sabe que assim é! Sem Jesus, não temos no Espiritismo o advento do Consolador. A Verdade tem como objetivo precípuo a renovação moral da criatura. Espiritismo sem Jesus é uma doutrina como outra qualquer, que apregoa a crença na imortalidade e na Reencarnação: uma fórmula que existe há milênios e que, convenhamos, não foi suficiente para induzir a criatura a definitivo esforço de redenção.

— Gostaria, Odilon – pediu Modesta –, que você discorresse um pouco mais sobre o fato de Jesus ter *tocado* o espírito de Kardec, antes que ele reencarnasse como Chico.

— *O toque de Jesus!* – exclamou Odilon reverente. — Se repararmos bem, perceberemos que quase todas as pessoas que o Mestre curou o tocaram ou foram tocadas por Ele...

— No episódio da chamada ressurreição da filha de Jairo: *"Mas, afastado o povo, entrou Jesus, tomou a menina pela mão, e ela se levantou"* – citou Modesta a anotação de Mateus, no capítulo 9, versículo 25.

— *"Tendo ele entrado em casa, aproximaram-se os cegos, e Jesus lhes perguntou: Credes que eu posso fazer isso? Responderam-lhe: Sim, Senhor. Então lhes tocou os olhos dizendo: Faça-se-vos conforme a vossa fé."* – citei por minha vez.

— A cura da mulher que, por doze anos, sofria de uma hemorragia! – lembrou Modesta: *"E eis que uma mulher, que durante doze anos vinha padecendo de uma hemorragia, veio por trás dele e lhe tocou a orla da veste".*

— Neste caso – elucidou o Instrutor –, ele foi tocado!

— Na cura da sogra de Pedro – enumerei outro episódio igualmente descrito por Mateus. — *"Tendo Jesus chegado à casa de Pedro, viu a sogra deste acamada e ardendo em febre.*

*Mas Jesus tomou-a pela mão e a febre a deixou. Ela se levantou e passou a servi-lo".*

— Permitam-me lembrar ainda – aparteou Modesta –: a cura de Paulo, em pleno deserto... Está escrito no livro "Paulo e Estêvão", da lavra mediúnica do próprio Chico, que Jesus redivivo tocou os ombros do ex-doutor de Tarso...

— Um fato emocionante – ajuntei. — Ao *toque* de Jesus, Paulo, de imediato, se converte!

— Pelo *toque* e pela *palavra*, Jesus vivia a curar os enfermos e os endemoninhados...

— Corpos perecíveis e espíritos imortais!

— Pois Allan Kardec – explicou Odilon –, antes que voltasse a se corporificar no Planeta como Chico Xavier, *teve a bênção de ser duplamente tocado pelo Mestre*, nas Esferas Resplandecentes: pela palavra e pelas mãos! Ao que estamos seguramente informados, Kardec, em várias oportunidades, se avistou pessoalmente com o Senhor.

— Talvez isto explique o fato de que, mais do que estar *impregnado* de Kardec, Chico estivesse *impregnado* de Jesus – considerei.

— Chico se referia a Kardec como se se referisse a outra pessoa e não a si mesmo. Sendo um a reencarnação do outro, não é intrigante? – perguntou Modesta.

— Kardec, para Chico – observei –, era secundário...

— Qual Chico para o próprio Chico... Ele vivia se comparando a um *cisco*!

— Sabem vocês qual é o significado do nome *Francisco*? – indagou-nos Odilon.

— ?!...

— "Pequeno francês"!

— Odilon, de onde é que você tirou isso? – repliquei com a curiosidade aguçada.

— Do estudo do significado dos nomes – respondeu sorridente. — Por exemplo, o seu nome – *Inácio* –, sabe o que quer dizer?

— Sinceramente, não, nunca tive a curiosidade de saber.

— Pois é o retrato de sua personalidade – esclareceu. — Significa: ardente, pessoa vivaz e inteligente, que supera com bom humor e perseverança os obstáculos...

— Meu Deus! Inteligente, não, mas ardente, sim – concordei –, e bem humorado também!

Modesta e Odilon sorriram, ensejando-me oportunidade de perguntar:

— E *Maria*, o que quer dizer?

— Senhora soberana! – respondeu Odilon.

— Está vendo, Inácio?

— É, mas logo em seguida você tem *Modesto* no nome... Senhora soberana, mas... *Modesta!* – gracejei.

— E *Odilon*, o que quer dizer? – indagou a confreira.

— Não tem nada a ver comigo – esclareceu o Instrutor, tentando esquivar-se.

— Não, diga: o que significa? – insisti.

— *Prosperidade!* – disse por fim.

— Qual é a origem do nome?

— Francês!

— Ah!, então você também...

— Eu, nada, Doutor! – respondeu, ruborizando-se.

— Além de *prosperidade*, Odilon, o seu nome também traduz: *honestidade, franqueza, facilidade de adaptação, serenidade...* É você escrito, da cabeça aos pés!

— Uai, Inácio, você disse que não sabia!...

— Não tanto quanto o Odilon, mas sei, sim!

— Este nosso doutor! – exclamou o companheiro, alisando-me o ombro com a destra.

— Vocês sabiam que Chico ensinava que o espírito, ao reencarnar, traz na face ou no nome algum sinal de sua pregressa existência no corpo?

— Pois ele trazia – reafirmou Odilon –, no nome, no espírito e na obra que realizou!

— Tem gente espírita argumentando – pasmem! – que Chico não pode ser a reencarnação de Kardec porque um era mulato, estrábico e o outro europeu, de olhos azuis...

— Quanta imaturidade de raciocínio!

— Ora, Modesta, você está sendo muito benevolente: isto é um horror! Imaturidade de raciocínio?! Para mim, tem outro nome: preconceito!

— Dr. Inácio, da Reencarnação e seus meandros, a única coisa que realmente sabemos é que o espírito volta ao corpo. Quanto ao mais, que nos perdoem os nossos irmãos, quase tudo ainda nos está para ser revelado.

— Assino embaixo e reconheço a firma! – retruquei.

# Capítulo 10

— A propósito, Odilon – acentuei –, não desejando mais tomar o seu tempo, nem o de Modesta, que sei ser muito precioso...

— Fique à vontade, Doutor.

— Você se recorda de uma entrevista concedida por André Luiz, através dos médiuns Chico Xavier e Waldo Vieira, que saiu no primeiro número do "Anuário Espírita", em 1964?

— Não, não me recordo.

— Os temas que, então, foram abordados são interessantíssimos. Com a consideração feita por você sobre a Reencarnação, lembrei-me dela de imediato. *Lá embaixo*, muita gente anda falando e escrevendo do que não sabe...

— Inácio – interveio Modesta interessada –, eu também não me lembro da entrevista a que você se refere.

— Foram 32 perguntas abordando os temas: Vida no Espaço, Sexo, Reencarnação e Atualidades. Já que estamos dispostos a estudar, se vocês me permitirem, gostaria de citar duas perguntas cujos assuntos estão interligados e são de nosso imediato interesse. Na questão de número 12, indagaram: "As funções reprodutoras do sexo se destinam, somente, à vida na Terra? A resposta, sucinta, nos induz a inúmeras reflexões: *"Em muitos outros orbes, compreendendo-se, porém, que mundos existem nos quais as funções reprodutoras não são compreensíveis, por enquanto, na terminologia terrestre"*.

— Tem gente que acha que sexo é coisa só de mundo primitivo...

— Eu já ouvi até gente dizer que o espírito é assexuado... Um disparate! Na célebre questão de número 200, de "O Livro dos Espíritos", os próprios Espíritos disseram que não têm sexo como os homens o entendem – eles não disseram que são assexuados! A sexualidade está implícita na Criação. Os seres vegetais e animais se reproduzem! As células procriam e, arriscaria dizer, até os átomos!

— A sexualidade é manifestação que tende a sublimar-se – elucidou Odilon cauteloso. — A comunhão espiritual entre duas pessoas é permuta de afeto. Amor é reciprocidade. Entre a terra e a semente, ocorre o fenômeno da complementação natural, sem que, a rigor, se possa dizer em qual existe maior entrega. A pecaminosidade do sexo não está no sexo, em si, pois tudo o que Deus criou é sagrado.

— Ainda na aludida entrevista – argumentei –, foi perguntado a André Luiz se "os perispíritos das entidades espirituais, que se localizam nas vizinhanças da Terra, conservam o órgão do aparelho sexual humano"... A resposta denotou surpresa do ilustre entrevistado: *"Sim, e por que não? O órgão sexual é tão digno quanto o olho e como não se deve atribuir ao olho os horrores da guerra, o órgão sexual não pode ser responsável pelo vício".*

— Ficou mais do que claro – ponderou Modesta. Virtude e vício são pertinentes ao espírito, e não ao que se quer inculpar, na tentativa de eximir-se de responsabilidade.

— Tem-se a impressão de que o homem deseja inculpar o Criador pelos desvios que comete em matéria de sexo, não é? E os que ele comete, então, valendo-se das mãos para surripiar e, por vezes, matar? Da boca para espalhar a maledicência? Dos olhos para destacar apenas o que é negativo? A raciocinar assim, para não errar, o homem teria que viver sem corpo, porque, amputando todas as partes que lhe são causa de escândalo, o que sobraria dele?

— O corpo, por mais animalizado, é uma bênção para o espírito que, caso não reencarnasse, não encontraria meios de evoluir. Sem reencarnar, o espírito não lograria a consciência de si mesmo: o corpo físico é o cadinho em que ele se retempera!

— Aproveitando este seu comentário, Odilon, deixe-me destacar a segunda questão das duas que, inicialmente, mencionei a vocês. É a de número 21: "A reencarnação é lei imperativa em todos os orbes do Universo?"

— Eis aí, Inácio, algo que eu gostaria muitíssimo de ter lido em alguma publicação espírita confiável... Infelizmente, quando encarnada, não tive acesso às páginas do "Anuário" de 1964: já estava muito doente e desencarnaria no mesmo ano...

— Veja, então, a resposta: *"Mais razoável dizer que a reencarnação é princípio universal, compreendendo-se que existem esferas sublimes nas quais a reencarnação, como recurso educativo, já atingiu características inabordáveis ao conhecimento humano atual"*.

— Que síntese fantástica! A Reencarnação como *princípio universal!...*

— E nas esferas sublimes também se reencarna! – frisei com incontida euforia. — Logo...

— Logo – emendou Modesta, sem esperar por mim –, ocorre gestação!

— Não sabemos por que processo, mas ocorre: a fecundação, a gestação, enfim, todo o processo da reencarnação!

— Com a devida vênia espiritual – falou o Instrutor, sempre respeitoso –, consideremos o caso do espírito de Jesus. Ele **não reencarnou** na Terra, concordam? **Jesus encarnou**, pois que nasceu homem entre os homens uma única vez! A sua evolução, feita em linha reta para Deus — concordando com o parecer de Emmanuel a respeito –, se deu em outros orbes, inclusive fora do nosso Sistema Solar. A palavra dele, no Evangelho de João, capítulo 8, versículo 58, é um atestado da realidade da Reencarnação: **"Antes que Abraão existisse, eu sou"**!

— Ora, *sou* onde, não é? Se a Terra nem existia... – rematei reticente.

— Jesus era um extraterreno! Isto foi dito por ele mesmo! – concordou Modesta.

— O que não quer dizer que tenha chegado à Terra de disco voador...

— Não, Inácio. Você sabe que em minha palavra não há tal conotação.

— Sei, mas é bom que deixemos as coisas claras.

— Jesus era um extraterreno no sentido de que foi gerado fora da Terra, que, de fato, sequer existia.

— Agora, vejam a evolução do espírito do Divino Mestre: segundo estimativas, o espírito humano está lidando com a razão há cerca de 40.000 anos! Antes, era princípio inteligente. Daí se pode deduzir que...

— Que eu sou uma toupeira! – ironizei.

Odilon e Modesta não se contiveram e sorriram.

— Do que vocês estão sorrindo? – perguntei sério. — Eu sou uma toupeira, mas, com o respeito que ambos me merecem, vocês também são! Nós três somos toupeiras e o povo que está *lá embaixo* idem... Em trocados e miúdos, somos um bando de toupeiras! Toupeiras encarnadas e desencarnadas...

E, para provocar o meu revisor e amigo particular, o Prof. Fausto De Vito, transformei o substantivo em verbo e passei, literalmente, a conjugá-lo, *sem modo algum*:

— *Eu, tu, ele, ela, nós, vós, eles, elas... toupeiras!*

Modesta e Odilon, de tanto sorrir, quase perderam a linha.

— Doutor, o senhor...

— Você é que é culpado, Odilon, me reduzindo a muito menos do que sou, ou seja, me fazendo praticamente inexistente, com as suas elucubrações filosóficas e cálculos matemáticos. **Se Jesus já era Jesus ao tempo de Abraão** – de Abraão, que era praticamente um bárbaro no seu tempo! –, o que era eu? Uma pedra, certamente!

Após a *sessão-sorriso*, infelizmente sem direito a pipoca, voltamos a falar com a seriedade que o assunto exigia.

— Odilon, brincadeiras à parte, Jesus, não tendo sido criado perfeito, o que, convenhamos, seria uma parcialidade do Criador, onde fez Ele a sua evolução? Está aqui uma pergunta que, do Mais Além, endereço a todos os teólogos, espíritas ou não. Respondam-na, se forem capazes! Sem se recorrer à tese da Reencarnação, é impossível explicar Jesus Cristo e suas palavras. Sem a ideia de que se renasce noutros mundos, mais físicos ou menos físicos – não importa a consistência da matéria em que se estruturem! –, Jesus, como tipo mais perfeito que Deus concedeu à Humanidade para lhe servir de guia e modelo, não se explica! A menos, é claro, que passemos a adotar a teoria da criação dos anjos e aí...

— Aí o quê, Inácio? – questionou Modesta, para me ouvir responder.

— Aí, eu vou reclamar!

— Reclamar com quem?...

— Com quem de direito! Onde se viu um pai privilegiar um filho em detrimento de outro? Eu sofrendo para deixar de ser Inácio e, um dia, no fim da eternidade, me transformar em anjo, e alguém já saindo com asas da casca do ovo...

— Todos os espíritos, porém, são criados simples e ignorantes – elucidou Odilon.

— Se assim é e sabemos ser assim, em Jesus Cristo a Reencarnação se confirma! Jesus empreendeu a sua trajetória evolutiva no seio de outras Humanidades, e não foi por outro motivo que ensinou: *"Há muitas moradas na casa de meu Pai..."*

— A ideia da Reencarnação, Doutor, transcende o aparecimento de qualquer religião na Terra. Nasceu concomitante com a crença na imortalidade! Trata-se de algo imanente, como a ideia de Deus na criatura humana.

— Dizem que a Reencarnação é uma tese criada por nós, os espíritas...

— Errado. A crença nas vidas sucessivas é anterior ao Bramanismo, que floresceu na Índia Védica. Ninguém sabe de que cérebro humano ela emergiu primeiro... Não se trata, pois, de um sofisma, já que não foi pensada com segundas intenções.

— Com certeza, Odilon, foi um espírito exilado de Capela, não é? Chico Xavier dizia que os que admitem a crença na Reencarnação não são todos da Terra...

— Como assim, Inácio? – inquiriu Modesta.

# Capítulo 11

— O que Chico disse é de grande profundidade, aliás, como tudo o que saía de sua boca, quando, evidentemente, não estivesse gracejando – sim, porque ele era humano e gracejava também. O problema, Modesta – considerei –, é que os espíritos da Terra, no ato de reencarnar, apenas e tão-somente imigravam de um corpo para outro, com insignificante "deslocação da mente"; em outras palavras, não tinham qualquer percepção do fenômeno, como ainda hoje a maioria não tem...

— O que você está dizendo, Inácio, é importante, porque, de tanto entrar e sair do corpo, no fenômeno da reencarnação, já era para que quase todos os espíritos não mais dela duvidassem.

— Estamos, não obstante, alcançando progressos neste sentido – disse. — Em nível de inconsciência, a crença na reencarnação vai se alastrando: hoje se pode dizer que boa parte da Humanidade, independente de cultura religiosa, é reencarnacionista. Muitos católicos e, inclusive, protestantes, aceitam a tese da pluralidade das existências, porque a Reencarnação é o mais lógico dos argumentos para se explicar a Vida em suas aparentes contradições.

— Mas o que tem a ideia da Reencarnação com os capelinos? – perguntou Modesta.

— É que os espíritos capelinos – expliquei –, além de trocarem de corpo, trocaram de mundo!

— Trocaram de sistema solar!

— Exatamente. A sua "deslocação mental", em relação aos que apenas mudam de corpo sem que, no entanto, se transfiram de planeta, foi acentuada – tão acentuada, que deu origem à teoria dos anjos decaídos!

— Como o Chico sabia das coisas, hem, Inácio?

— E como sabia, minha cara! Ele foi à Terra, sentiu o ambiente, disse o que podia ser dito e veio embora, trazendo de volta consigo muita coisa que, infelizmente, não estávamos em condições de assimilar. Por este motivo, Neio Lúcio, conforme já mencionamos, comentando o conteúdo do livro "Nosso Lar, escreveu: *"E creiam que as narrativas são pálidas no confronto com o real!"*

— E são mesmo!

— E, por muito tempo ainda, haverão de continuar sendo! – repliquei. — Veja você que, quando conseguimos avançar um pouquinho, ou, às vezes, não significa nem avançar, mas simplesmente por dizer as coisas com maior clareza, somos rotulados de mistificadores.

— Daí, Doutor – interveio Odilon –, a necessidade de se ir dosando o conhecimento, não é?

— Concordo em parte, porque também não podemos deixar de atender aqueles sinceramente empenhados em aprender.

— Sim, mas estes sempre haverão de "correr atrás", não se contentando com a mesmice em que tantos se satisfazem...

— Em que tantos fazem questão de se satisfazer, Odilon – retruquei. — Você sabe que, infelizmente, muitos querem simplificar para atender a seus próprios interesses na lei do menor esforço. Sobre a tese da reencarnação no Mundo Espiritual que levantamos nos livros de nossa lavra, muitos são contrários a ela, porque não querem continuar renascendo! Consideram que já é muito reencarnar na Terra!...

Pausei por instantes e prossegui:

— Pude constatar pessoalmente o que digo. Os mais ferrenhos adversários da tese argumentam que não admitem a possibilidade de continuar *morrendo* indefinidamente, pois se já *morrem* o suficiente na Terra, por que ainda *morrer* nos Planos Espirituais?!...

— Inácio, eles não entendem que o corpo espiritual está para nós como o corpo físico está para eles...

— Entendem, sim, Modesta; muitos entendem, mas se fazem de desentendidos.

A conversa entre nós, embora extremamente proveitosa, se alongara em demasia e precisávamos encerrar.

Despedimo-nos, com a expectativa de breve reencontro, quando nos reuniríamos para dar início aos estudos concernentes a certos tópicos de "Nosso Lar".

Ao me ver sozinho em meu gabinete e tendo ainda algum tempo livre, antes de retomar a faina junto aos doentes sob a minha responsabilidade, vasculhando papéis sobre a mesa, me deparei com a carta que uma irmã me endereçara da Terra.

— "Dr. Inácio – escrevera ela –, fico encantado com o seu amor aos animais... É verdade mesmo que os animais também sobrevivem à morte do corpo? O meu gatinho de estimação, de nome Lênis, desencarnou e sinto muita falta dele. Eu moro sozinha, não tive filhos e, desde que Lênis partiu, a minha solidão aumentou – o apartamento em que moro ficou grande demais! O que devo fazer? Será que ele pode reencarnar e voltar para casa? É verdade que os animais de estimação tendem a reencarnar junto a seus antigos donos? Responda-me, por favor. Beijos."

— *Querida Yara* – comecei a responder à gentil missivista –, *agradeço as palavras carinhosas que não mereço. Graças a gente como você é que me sinto encorajado a prosseguir na luta sem quartel, travada entre os Dois Planos da Vida. É verdade, sim, minha cara: qual nos acontece, os animais também sobrevivem à morte do corpo; aliás, nada desaparece para sempre, nem um simples átomo! Compreendo a sua solidão... Não raro, eu também experimentava a angústia de não ter ninguém para conversar. Como eram longas aquelas noites! O domingo, para mim, tinha a duração de quase uma semana, pois era o dia em que eu mais permanecia ocioso. A ociosidade é provação voluntária, que o espírito precisa combater, sob pena até de se habituar a ela. Neste Outro Lado da Vida, conheço espíritos que se acostumaram tanto ao tempo vazio, que hoje não sabem aproveitar a bênção dos minutos e das horas. Sim, o Lênis poderá reencarnar e, com certeza, o fará na primeira oportunidade. Afinal de contas, embora a castração geral a que os felinos estão sendo submetidos por aí, sempre um ou outro mais assanhado há de escapar e aprontar das suas com as gatinhas da vizinhança... É possível, pois, que o seu Lênis, novamente "engatado", ou melhor, devidamente encarnado, venha a ser esquecido por alguém à porta do prédio em que você mora. E com a sua sensibilidade, tenho certeza, você conseguirá identificar o miado dele entre milhões de outros miados, não importando, inclusive, se ele tiver trocado de corpo e, em vez de macho, for uma linda fêmea. Você não é uma mulher preconceituosa, é? Os animais também não são. Preconceito, por incrível que pareça, é coisa de gente, não de animal. A esta altura, sinceramente, eu nem sei quem é mais gente ou bicho – se os homens ou os animais!*

*Sim, respondendo a mais uma de suas perguntas, os animais, quando são amados, tendem a voltar para a companhia de seus antigos donos. O amor é algo a quem ninguém resiste, concorda? Em sã consciência, quem é que dispensa um cafuné? Nem um bichano ou principalmente um bichano. Eu tive vários que, quando não estavam sendo acariciados por mim, viviam ronronando entre as minhas pernas. Lembro-me, por exemplo, de Sônia – era uma gatinha especial que dormia enrolada aos meus pés. A carência de um se juntava à carência de outro e, como resultado, dava carência ao quadrado. Sônia era tão ciumenta – Ah, meu Deus, o que há de ser quando ela reencarnar mulher! –, que não permitia que nenhuma outra gata ou mesmo gato subisse na minha cama. Era briga na certa, e Sônia tinha umas garras afiadíssimas! Já tive vontade de saber por onde ela anda agora, mas, sinceramente, tenho medo: vamos que ela tenha se transfigurado numa morena atraente dessas que são irresistivelmente fatais... Estou brincando, mas nem tanto. Afinal, ninguém sabe quando o princípio inteligente dos animais começa a se metamorfosear em gente. Tomara que nenhum doutor da lei, travestido de espírita, venha a apontar nesta missiva ingênua um crasso erro doutrinário. Ultimamente, Yara, eu não posso nem mais exercitar a minha vocação para palhaço, que logo aparece alguém me rotulando o espírito disto ou daquilo. Mas deixemos isto para lá. Outra hora, eu prometo desabafar com você.*

*Agora, aceite um conselho meu. A minha casa também, um sobrado, era muito espaçosa para mim. Quando, no entanto, percebi que não estava destinado a ser pai em minha derradeira existência no corpo, sabe o que fiz? Com um grupo de amigos abnegados, fundei um lar para crianças, o Lar Espírita, em Uberaba. Adotei como sendo minhas aquelas meninas todas! Toda criança que, por este ou aquele motivo, lá ia morar conosco, passou a ser minha filha! Os meus dias, então, se transformaram... Eu não mais tinha tempo para pensar em solidão! Chegamos a ter mais de cinquenta crianças no Lar. Eu, que não tinha uma família propriamente minha, de repente me vi sem tempo para mais nada, tendo que me dividir entre os doentes internados no Sanatório e aquelas meninas que queriam o meu colo, a minha mão, a barra da minha calça e que me chamavam de papai e, por vezes, de vovô. Confesso que não gostava muito quando uma delas me chamava de vovô – não gostava, mas, como todo avô, me derretia todo! Talvez, com as dificuldades da vida atual – sei que a coisa anda um pouco mais feia por aí –, você não possa fundar uma instituição semelhante a tantas outras que cuidam de crianças esquecidas pelos pais ou mesmo uma casa de amparo aos idosos que a família marginaliza. No entanto, querida Yara – e aqui vai o conselho de que lhe falei –, desça de seu apartamento, atravesse a rua, dobre a esquina, ande mais duas ou três quadras e você, com certeza, se deparará com uma instituição necessitada de voluntários que possam ceder, pelo menos uma vez por semana, uma ou duas horas de seu tempo. Assim como Sônia pode estar numa dessas morenas que desfilam na Avenida Nossa Senhora de Copacabana, no Rio de Janeiro, o seu Lênis – quem sabe? – pode estar num desses recém-nascidos ainda sem nome, à espera de seus braços, que, como os meus, também se frustraram para a bênção da maternidade nesta vida. Eu tenho plena convicção de que você se derreterá toda, ao ouvir uma dessas crianças chamá-la de mamãe ou de vovó! Se tal ocorrer, não chore, que é proibido, certo?*

*Você me perdoe este bilhete escrito às pressas. Estou com a mesa entulhada de serviço e o Hospital abarrotado de gente que chegou destrambelhada da Terra. Isto aqui, literalmente, é uma loucura! Ainda bem que alguns bichanos me foram fiéis e me seguiram nos caminhos além da morte. A Mimi é um encanto! Antes, eu tinha medo de que os meus gatos desencarnassem, como, aliás, acabava acontecendo; hoje, eu tenho medo de que eles reencarnem e voltem para esta selva perigosa que é a Terra, onde eles poderão ser devorados por uma jararacuçu, dessas que andam, falam e são consideradas civilizadas. Fique com Deus e conte com as minhas vibrações, que prossigo contando com as suas preces.*

# Capítulo 12

Se eu fosse dar nome a este capítulo, certamente seria: "Um Encontro Inusitado".

Naquele dia, de manhã, chovia a cântaros. Sim, depois da morte também chove! Por mais que isto possa escandalizá-los, digo-lhes: relampeja, troveja e chove!

— Dr. Inácio – avisou-me Manoel Roberto –, tem um senhor aí fora...

— O que ele quer? Uma consulta?

— Não, disse que apenas quer falar ao senhor. Faço-o entrar?

Com certo pressentimento n'alma que ainda tem um corpo como envoltório, respondi que sim.

O homem, de terno e gravata (tal indumentária também existe por aqui) cumprimentou-me de maneira formal.

— Dr. Inácio Ferreira?

— O próprio, por enquanto.

— Eu sou o Evilásio – apresentou-se, carregando na pronúncia.

— Estou ao seu dispor. Não temos muito tempo, mas posso ouvi-lo.

— Sou recém-chegado por aqui, Doutor!

— Parece-me muito bem. Faz quanto tempo que deixou a carcaça?

— Há um ano e três meses...

— Meus parabéns!

— Eu sou espírita, e isto ajudou muito.

— Quando não atrapalha, ajuda!

— Antes de desencarnar, tive oportunidade de ler os seus três primeiros livros mediúnicos: "Sob as Cinzas do Tempo", "Do Outro Lado do Espelho" e "Na Próxima Dimensão".

Fez uma pausa estudada, suspirou e prosseguiu:

— Parei por aí.

— O senhor até que foi longe!...

— Eu era Diretor de uma Federação – disse, arrumando o corpo na poltrona.

— Desconfiava.

— Critiquei muito as obras do senhor; fiz campanha contra elas.

— É um direito que lhe assiste.

— Tomei a iniciativa de vir aqui para saber se o senhor é o senhor mesmo!

Simulando olhar ao redor, vasculhando o ambiente, respondi:

— Só nós dois estamos aqui! A sala, aparentemente, está vazia. Não sou vidente...

— O senhor é o senhor mesmo?

— Como?!

— É o senhor o Dr. Inácio Ferreira, que escreve aqueles livros?

— Até prova em contrário, sim, sou eu.

— O senhor não é o *Ignácio*?

— Nasci *Ignácio*, mas vivi e morri Inácio. Eu não estou entendendo...

— O senhor, de fato, me parece tão irônico quanto o outro.

— Não; eu sou um pouquinho mais... Quando está chovendo, assim como hoje, eu fico mais calmo, sabe. Adoro chuva!

— Chuva neste Outro Lado, que absurdo!

— O senhor é contra Deus?

— Não foi o que quis dizer. Mas imagine chover, ainda mais a cântaros, no Mundo Espiritual...

— Tem região em que neva – verdadeiras nevascas!

— O senhor admite que possa estar errado, Doutor? – perguntou-me.

— Sobre?...

— O que escreve em seus livros, que estão causando uma verdadeira arruaça no Movimento!

— Ah!, sim, admito. Estou longe da Verdade, da qual, pelo que vejo, o senhor deve estar perto.

— Para mim, a Verdade está com Kardec e com mais ninguém.

— Para mim também: primeiro com Jesus e, depois, com Kardec! Ah, e com Chico Xavier!

— Chico era um médium...

— Incomum!

— Não sei, não. Por onde é que ele anda, para eu comprovar se, de fato, ele é a reencarnação de Kardec.

— Não tenho o endereço dele, não.

— O senhor precisa parar de escrever que ele é o Codificador! Não tem nada a ver e não acrescenta.

— Esta é a sua opinião, mas entre ela e a minha, eu fico com a minha!

— E o médium, pelo qual o senhor escreve?

— O que tem ele? – perguntei.

— Filtra tudo direitinho? É fiel?

— Infalível não é, mas não tenho queixa, não. Dá para o gasto.

— Não muda nada de seu pensamento? Às vezes, estamos achando que é o senhor, e é ele.

— Não, assumo: sou eu mesmo!

— Estou aqui, Doutor, representando muita gente...

— Gente que gosta de atuar nos bastidores, não é?

— O que quer dizer com isto?

— O que disse. Não fui claro?

— O senhor parece não ter medo de nada...

— Engano seu. Tenho medo, sim.

— O que teme?

— Só a mim mesmo, meu caro! Eu sou um perigo!... Vivo aqui sob o controle de muita gente. Se dependesse apenas de mim...

— Quem o controla?

— Olhe, é tanta gente, que nem sei...

— Quer dizer que tudo o que escreve ainda passa por um crivo?

— Infelizmente, passa; os meus revisores do *Lado de Cá* são extremamente rigorosos - benevolentes, mas rigorosos. Não me dão moleza, não!

— O senhor fala gírias?

— Falo gírias e outras coisas mais! O meu vocabulário é bem diversificado.

— Mas o senhor é um Mentor?!

— Evilácio...

— Evilásio, Doutor, por favor – corrigiu-me. — Com **s** e acento agudo no **á**!

— Eu sou mentor do prato de arroz com feijão que como todo dia!

— Mas espírito que escreve para a Terra...

— É quase tudo gente, como os médiuns mesmo e vocês também! Ou não?

— O senhor não tem papas na língua...

— Eu não tenho papa em lugar nenhum, meu filho, nem no Vaticano ou nesta ou naquela Federação. Graças a Deus! Eu sou livre! Não faço conchavos, não negocio, não bajulo. Tráfico de influência não é comigo! Satisfação? Somente à minha consciência.

— Podemos, pelo menos, conversar como duas pessoas educadas...

— Eu não estou à venda! Se você veio aqui para me comprar, perdeu o seu tempo.

— O senhor é mal-educado, não?

— Entre ser mal-educado e covarde, prefiro ser mal-educado.

— Por que é contra as Federações?

— Eu não sou contra as Federações; simplesmente me oponho aos que se valem do chamado Movimento de Unificação para cercear a liberdade de expressão dos espíritos e dos médiuns... Uma Federação deveria funcionar como uma casa espírita mãe das demais casas espíritas, que lutam com tantas dificuldades para sobreviver. Você militou em alguma casa espírita? – perguntei.

— Não – respondeu Evilásio, hesitante. — Comecei, mas depois...

— Já trabalhou fazendo sopa ou participou das campanhas do quilo... Pelo menos, já atuou como médium passista?...

— Não!

— Já enfiou a mão no bolso alguma vez, cotizando-se com os companheiros para pagar a conta de energia ou de água?

— Sinceramente, não!

— Mas "O Livro dos Espíritos" você conhece, não é?

— Ah, sim, conheço. Participei de vários cursos...

— E "O Evangelho Segundo o Espiritismo", na prática?

O confrade, perdendo a pose, começou a pensar.

— Você me desculpe, porém tenho mais que fazer – disse, levantando-me.

— O senhor, então, vai continuar escrevendo? – indagou por último.

— Eu não sou homem de me intimidar, meu caro. Passar bem!

# Capítulo 13

Finalmente, chegara o dia de nosso primeiro painel de estudos sobre os temas do livro "Nosso Lar". Odilon, Modesta, Manoel Roberto, Domingas e eu estávamos a postos, diante de um público de mais 150 interessados.

Tomando a palavra, Domingas, com o seu entusiasmo contagiante, explicou a sistemática da reunião, pedindo que os apartes ou possíveis questionamentos fossem feitos por escrito.

Em cadeiras dispostas em semicírculo, simulando uma sala-de-estar, nos acomodamos para aquele "bate-papo informal", que esperávamos fosse proveitoso.

Notei que vários dos participantes, certamente por orientação de Domingas, portavam um volume da obra a ser estudada.

Aqui, no resumo que apresento, dispensar-me-ei de transcrever o resultado dos estudos que efetuamos sobre o primeiro capítulo de "Nosso Lar", já que, como os nossos irmãos devem se recordar, o fizemos páginas atrás, quando, então, Domingas sugeriu que estudássemos todo o livro.

Passaremos, pois, de imediato, ao segundo capítulo, que descreve o encontro de André Luiz com Clarêncio.

— Dr. Inácio - disse Domingas -, este capítulo de "Nosso Lar" é repleto de informações explícitas e implícitas de grande importância. No entanto, poderíamos iniciar com o que nos deparamos no segundo parágrafo.

E leu:

— *"Para quem apelar? Torturava-me a fome, a sede me escaldava. Comezinhos fenômenos da experiência material patenteavam-se-me aos olhos. Crescera-me a barba, a roupa começava a romper-se com os esforços da resistência, na região desconhecida."*

— É evidente - comecei - que não se trata de uma figura literária do autor desencarnado. O espírito, após o seu desenlace, experimenta, na maioria das vezes, sensações físicas idênticas às que experimentava no corpo que deixou: sede, fome, frio, cansaço, sono... Em "O Livro dos Espíritos", quando escreveu um "Ensaio Teórico sobre a Sensação nos Espíritos", Kardec considerou: *"Liberto do corpo, o espírito pode sofrer, mas esse sofrimento não é o mesmo do corpo; não obstante, não é também um sofrimento exclusivamente moral, como o remorso, pois ele se queixa de frio e de calor."* Compreendamos que Kardec não pôde avançar mais.

— Mas deixou claro aí, não é, Doutor? – comentou a própria Domingas. — *"...não é também um sofrimento exclusivamente moral..."*

— Não, não é. As necessidades, se assim posso me expressar, embora sejam fictícias, são, para o espírito, necessidades reais.

— Fictícias ou ilusórias, são as nossas próprias necessidades, quando no corpo carnal!

— Exatamente. A imperfeição espiritual nos cumula de necessidades supérfluas, completamente dispensáveis.

— Que iremos, gradativamente, dispensando ao longo da evolução – ponderou Modesta. — As nossas necessidades aqui, no Mundo Espiritual, já sofreram certa redução e, nas Dimensões Superiores, se reduzirão mais ainda.

— Ao ponto de determinados órgãos, por dispensados de suas funções, desaparecerem!

— Que interessante! – exclamou Domingas, satisfeita com o resultado daquele diálogo.

— Um pouco mais adiante – frisei –, neste segundo capítulo, no sexto parágrafo, André Luiz considera textualmente: *"Persistiam as necessidades fisiológicas, sem modificação."*

O auditório estava em suspenso.

— O que os nossos irmãos encarnados devem subentender aqui, ao lerem este trecho? – perguntei.

— Doutor – respondeu Manoel –, o que está escrito, não?!

— Que a gente vai ao sanitário, não é, Manoel?!

Todos sorriram.

— Uai!, vocês não vão? – questionei provocativo. — Não existe sanitário nas casas onde moram?...

Fiz ligeira pausa e brinquei:

— Ufa!, que calor? Estou transpirando, Domingas! O perispírito possui glândulas sudoríparas ou estarei delirando?

— Estas duas colocações – opinou Odilon –, isoladas do texto do segundo capítulo de "Nosso Lar", remete o leitor a profundas reflexões em torno da constituição do perispírito.

— Como também – disse Manoel Roberto – o fato de André Luiz ser retirado do Umbral...

— Que começa na Terra mesmo! – enfatizou Modesta.

— Isto – concordei. — Aliás, dizia Chico que o Umbral começa dentro de nós mesmos: não se trata de uma região alhures... Mas, por favor, complete Manoel o seu pensamento.

— Eu ia me referindo ao fato de André Luiz, após uma permanência de quase nove anos no Umbral ter sido retirado de maca!

— Muito bem colocado, Manoel! – incentivei. — Numa maca improvisada!

— E, de imediato, como qualquer mortal, ser conduzido para um hospital...

— Onde permaneceu sob os cuidados do Dr. Henrique de Luna durante quase um ano, efetuando curativos no abdome aberto!

— Vejamos que o nosso corpo espiritual é suscetível de trazer sequelas para este Outro Lado da Vida! Não somente as leva daqui para lá! Sendo comum que o espírito ressurja no berço como estava antes de reencarnar, o inverso, com exceções, também pode acontecer.

— Ótimo! Não é à toa que sou seu fã, Odilon! Muitos reaparecem por aqui nas condições em que se encontravam antes de desencarnar.

— Por tal motivo, após a desencarnação, quase todos fomos hospitalizados, não é? Acho que todo o mundo aqui, ao voltar da Terra, passou pelo hospital, certo? Não sei se o Dr. Odilon...

— Domingas, por que não, minha filha? Durante meses fui, sim, espírito convalescente. Careci de tempo para recuperar-me.

— Interessante, quando estávamos *lá embaixo*, os espíritos diziam que estavam hospitalizados e nós deixávamos por isso mesmo – não os interrogávamos a respeito, perdendo incontáveis oportunidades de maior elucidação, não é, Modesta?

— É verdade, Doutor.

— Permanecíamos com aquela ideia um tanto vaga de se estar hospitalizado no Além... Ora, quase todos, em suas breves comunicações conosco, repetiam que estavam internados!

— Que estavam ou seriam, após a chamada *doutrinação* – termo que o nosso Odilon não gosta muito de empregar.

— É algo particular, D. Modesta; prefiro *diálogo fraterno*, já que não estamos em condições de doutrinar sequer a nós mesmos...

Espontaneamente, o pessoal aplaudiu, deixando o amigo desconcertado.

— Mas falávamos sobre o perispírito – saí em defesa de Odilon que se sentira constrangido. — O desconhecimento da natureza do corpo espiritual nos induz a equivocadas deduções sobre o Mundo Espiritual. Lógico, quando estamos *lá embaixo*, pois aqui a história é outra – pelo menos, para a maioria a história é outra.

— Eu não sei bem se para a maioria, Dr. Inácio – comentou Domingas. — Mesmo aqui, existe resistência voluntária à realidade. Infelizmente, milhões e milhões permanecem de consciência adormecida.

— Você tem razão – concordei. — Eu deveria ter dito: a história deveria ser outra! E, por falar em consciência adormecida, permitam-me perguntar – disse voltando-me para a platéia. — Quantos de vocês aqui presentes conosco, se recordam de sua anterior estada no Mundo Espiritual? Por favor, levantem a mão. Algum de vocês tem qualquer lembrança de sua anterior permanência no Mundo Espiritual, antes desta de agora?

Dos mais de 150 presentes, apenas quatro timidamente levantaram a mão.

— Pouco mais de 0,5%! – exclamei. — E de vocês quatro, as reminiscências são nítidas ou vagas?

Um após outro, respondem:

— Vagas!

— Então, podemos dizer que praticamente todos têm a impressão de que esta foi a sua primeira desencarnação?

Todos abanaram afirmativamente a cabeça.

— E quantas vezes já *morremos*? Alguém aqui poderia precisar?

— Presumo que centenas – respondeu uma jovem sentada nas fileiras da frente.

— Domingas – perguntei –, você se recorda de sua anterior estada no Mundo Espiritual?

— Não, Doutor. Creio que foi a primeira vez que desencarnei – gracejou. — Sinceramente, não tenho a menor reminiscência de nada. Posso dizer que tudo para mim aqui é novidade.

— O Espiritismo nos faz desencarnar com lucidez, correto?

— Lucidez relativa, não é, Doutor?

— Sim, mas em vista das experiências anteriores...

— Espiritualmente, sinto que estou me alfabetizando – observou Manoel –; estou aprendendo a soletrar as primeiras letras do alfabeto...

— Vejam – disse –, André Luiz não era um espírito qualquer, concordam? Ele era, e continua sendo, um cientista humanitário.

— O que sobra para nós outros, hem, Doutor?! Ele saiu de maca do Umbral...

— Tem gente, principalmente espírita, que acha que vai sair volitando!

# Capítulo 14

— O Mundo Espiritual – opinei – tem sido pensado de maneira muito ingênua e mística pela maioria.

— Concordo, Domingas –, porém carecemos de levar em consideração os séculos e séculos de uma doutrina religiosa deturpada, influenciando as mentes. Mesmo o espírita, por vezes, pensa na vida de além-túmulo com a cabeça do católico. Refiro-me ao Catolicismo por ser, no Ocidente, a doutrina religiosa predominante.

— André Luiz, logo após ser conduzido à cidade de Nosso Lar, ignorando completamente em que lugar se encontrava, perguntou, aos enfermeiros que o assistiam: — *"Amigos, por quem sois, explicai-me em que novo mundo me encontro..."*

— Ora – redargui –, quantas vezes, certamente, André Luiz já houvera desencarnado? Qual a razão de sua surpresa? Como desencarnara ele das vezes anteriores? Deduzimos, de suas palavras, que aquela sua visão de Mundo Espiritual era absolutamente nova?

— Salvo melhor juízo – aparteou Manoel Roberto –, outra dedução que o texto nos sugere: Nosso Lar foi a primeira cidade espiritual erguida nos céus dos Brasil – certo ou errado?

— Certo! – exclamei. — É possível até que noutras regiões do espaço geográfico brasileiro existissem esboços de colonização, mas, com certeza, a cidade de Nosso Lar pôde ser considerada a Capital Espiritual do Brasil!

— Há um trecho da obra que, se me permitissem, gostaria de citar, corroborando o que vocês estão dizendo.

— Pois não, Domingas.

Com voz pausada, a distinta companheira começou a ler:

— *"Nosso Lar" é antiga fundação de portugueses distintos, desencarnados no Brasil, no século XVI. A princípio, enorme e exaustiva foi a luta, segundo consta em nossos arquivos no Ministério do Esclarecimento. Há substâncias ásperas nas zonas invisíveis à*

*Terra, tal como nas regiões que se caracterizam pela matéria grosseira. Aqui também existem enormes extensões de potencial inferior, como há, no planeta, grandes tratos de natureza rude e incivilizada. Os trabalhos primordiais foram desanimadores, mesmo para os espíritos mais fortes. Onde se congregam hoje vibrações delicadas e nobres, edifícios de fino lavor, misturavam-se as notas primitivas dos silvícolas do país e as construções infantis de suas mentes rudimentares."*

— Em outras palavras, o espaço geográfico espiritual, sob os céus do Brasil, era ocupado pelos indígenas desencarnados...

— E suas criações mentais rudimentares, Manoel! – confirmei. — Nosso Lar, realmente, foi a primeira cidade da colonização do espaço espiritual de nosso País. Enquanto, no Plano Material, os bandeirantes desbravavam a extensão territorial da nova terra, o mesmo acontecia no Plano Espiritual.

— Por este motivo – observou Domingas –, tudo era novidade para André Luiz na desencarnação.

— Será que André Luiz não vivera antes no Brasil? – perguntou Manoel.

— Quem sabe, Manoel? – respondeu Odilon, tomando a palavra. — O problema é que o próprio André, em várias de suas experiências no corpo, não guardou consciência do fenômeno *reencarnação/desencarnação!*

— Pode-se dizer, então, que somente quando desencarnou da última vez ele o fez de maneira mais consciente?

— É o que, claramente, se depreende de suas palavras: *"Amigos, por quem sois, explicai-me em que novo mundo me encontro..."*

— Mas não poderia, por exemplo, Dr. Odilon, ele apenas não estar se recordando imediatamente do Mundo Espiritual? André era recém-saído do Umbral...

— Poderia, Domingas, no entanto é pouco provável que este tenha sido o motivo de seu espanto inicial. Ele não faz perguntas alusivas à cidade; ele pergunta: "*... em que novo mundo me encontro...?*".

— A gente precisa refletir muito! – comentou Manoel. — Daí, talvez, os espíritos, conversando com Kardec, não terem feito referência à existência de cidades no Mundo Espiritual: eles mencionaram a *Erraticidade*!

— Aliás, termo um tanto quanto vago, vocês concordam? – perguntei.

— Nossa, como um assunto vai levando a outro! – disse Domingas com espontaneidade, fazendo o pessoal sorrir. — É mesmo! Estudar não é brincadeira, não. A gente precisa de estar atento.

— *Erraticidade* – explicou Odilon –, é um termo genérico para designar a situação do espírito que ainda não logrou alcançar a perfeição.

— Daí a denominação *"espírito errante"*?

— Sim. Enquanto não atingirmos o estado de espírito puro, libertos da necessidade de reencarnar, todos, desencarnados e encarnados, podemos nos considerar *"espíritos errantes"*!

— Então, a *Erraticidade* é o Mundo Espiritual? – indagou Manoel.

— Com mais propriedade, diríamos que são as múltiplas Dimensões, Físicas e Extra-físicas, que o espírito carece de percorrer, em sua carreira evolutiva.

— Jesus não era um espírito errante?

— Não, Manoel, não era. Jesus é espírito puro!

— Quer dizer que todo espírito que ainda carece de reencarnar, na Terra ou noutros mundos...

— É espírito errante!

— Mais ou menos errados, Manoel – ajuntei.

— Doutor, agora a minha cabeça bagunçou de vez.

— E a minha também! – exclamou Domingas.

— Gente, é simples: Jesus é espírito puro; nós – todos nós, sem exceção de nenhum – somos espíritos errantes, mais ou menos errados...

— Por que mais ou menos errados?...

— Depende do tamanho do carma de cada um, uai! É simples. Somos espíritos errantes, porque ainda sujeitos à Lei da Reencarnação – estamos em trânsito para a perfeição!

— Agora está começando a clarear – falou Manoel. — Todo espírito em trânsito é errante?

— Exatamente! Todo espírito numa condição evolutiva transitória é errante e...

— Mais ou menos *errado*!

— Eureca, Manoel! – gracejei. — Finalmente! Louvado seja! Aleluia!...

— Doutor, não é fácil entender isso, não – redarguiu Domingas, emendando com uma pergunta: — Nosso Lar, então, está na *Erraticidade*?

— Está! É uma cidade de transição; aliás, como a Terra é um mundo de transição e a própria dimensão em que nos encontramos presentemente...

— Vocês entenderam? – interrogou Domingas ao público atento.

— Infelizmente, sim – respondeu espirituoso jovem lá das últimas fileiras.

— Pois é. Esta é a nossa classificação: *espíritos errantes, mais ou menos errados!*

— Mais para mais do que para menos!

— Domingas, minha cara – agora fui eu a solicitar –, não complique: deste tamanho está ótimo!

— E depois de Nosso Lar? – inquiriu Manoel.

— Enquanto o Brasil era colonizado por terra, os espíritos mais conscientes colonizavam o seu espaço geográfico espiritual, e várias cidades foram surgindo...

— As chamadas "bandeiras" iam ocorrendo no Mundo Espiritual?...

— Exatamente!

Silenciou por instantes e aduzi:

— Creio que este comentário seja pertinente. Vocês sabem que quase toda vila ou pequeno povoado se desenvolveu a partir da fundação de uma igreja, não é? André Luiz, referindo-se à fundação de Nosso Lar, escutando explicações de Lísias, faz observação interessantíssima: "Os fundadores da colônia começaram o esforço partindo daqui, onde se localiza a Governadoria"! Não é curioso?

— Sem dúvida – concordou Domingas. — Podemos inferir, de tal informação, que Nosso Lar seja uma cidade espírita?

— Ecumênica! – respondeu Odilon. — Em Nosso Lar existem templos consagrados às mais diversas vertentes do pensamento religioso.

— Templos católicos, protestantes, espíritas, budistas?...

— Situando-se nas faixas mais altas do Umbral, denominadas genericamente de "Umbral Fino", Nosso Lar, através de seus Ministérios, tanto se liga às dimensões inferiores quanto às superiores. Delas, a maioria *desce* para novas experiências no corpo de carne; alguns, no entanto, *ascendem* a regiões onde a Vida, por agora, transcende a nossa capacidade de compreensão.

— O nosso tempo de hora e meia esgotou-se – avisou Domingas.

— Ah! – exclamou o pessoal – Que pena!...

— Que alívio, digo eu – brinquei suspirando.

— Amanhã, continuaremos.

— Não tivemos tempo de nos referir à questão do vestuário – observei. — Amanhã, retomaremos o estudo falando sobre ela.

— Como tem gente que, efetuando uma leitura dinâmica sobre uma obra como "Nosso Lar", repleta de conteúdo, pode dizer que a conhece? Estamos conversando há mais de noventa minutos e não esgotamos o assunto em torno, praticamente, de um único parágrafo! – observou Domingas, dando a reunião por terminada.

# Capítulo 15

No outro dia, após as costumeiras tarefas no Hospital, estávamos novamente reunidos para os estudos programados.

— Bem – explicou Domingas –, ontem, o nosso caro Dr. Inácio disse que teceria mais algumas considerações sobre o parágrafo que destacamos...

— Sobre a questão da indumentária dos espíritos – frisou Manoel Roberto.

— A nossa própria, Manoel! – retifiquei, já arrancando sorrisos iniciais da plateia.

— Doutor, de quando em quando a gente esquece que está desencarnado...

— Como esquecíamos que estávamos encarnados! Um pequeno esquecimento, porém, fundamental, para que nos perfilemos diante da verdade dos fatos.

— Creio ser este o tópico, não, Dr. Inácio? – perguntou Domingas, passando a ler.

— *"... a roupa começava a romper-se com os esforços da resistência..."*

— Justamente – concordei. — Como também imaginávamos, o pessoal imagina que tudo, neste Outro Lado da Vida, é criação da mente.

Modesta, que de nosso primeiro painel quase não participara, inquiriu:

— Mas, afinal, o que não é criação da mente?

— Ora, viva, Modesta! – brinquei. — Finalmente, *a cor* de sua voz!... Achei que estivesse aborrecida com alguma coisa!

— Eu estava aprendendo, Inácio. Agora, como hoje o assunto é sobre roupa...

— Se a Domingas deixar, falará mais, não é? – provoquei com alegria.

— Sobre a Terra – Modesta foi direto ao tema –, o que não é criação da mente? O pensamento está na base de toda realização. Qualquer engenho é concebido pela capacidade humana de intuí-lo, certo? Singela peça de roupa é entretecida por fios tênues, a que a imaginação do estilista e a habilidade da costureira ou do alfaiate, posteriormente, dão forma.

— Uma casa, um edifício...

— Criação da mente humana, Manoel – frisou a companheira.

— A televisão, o computador...

— Idem, Domingas. O Universo é criação da Mente Divina! Nada existe fora dos domínios do pensamento.

— É que o pessoal *lá embaixo* acha que, neste Outro Lado, as coisas não têm consistência real, ou seja, não são constituídas de matéria.

— Ledo engano! Tudo é relativo: a matéria para nós aqui possui consistência real! O corpo espiritual, mesa, cadeira... *Neste Outro Lado, não atravessamos paredes!*

— Eis o ponto! – exclamei. — A turma encarnada precisa saber que nós, onde nos encontramos domiciliados, *não atravessamos paredes*! Atravessamos paredes *lá*, não aqui!

— O espírito encarnado, desde que em estado de desdobramento, pode, sim, atravessar paredes – elucidou Modesta. — Muitas vezes, quando saía do corpo, eu as atravessava como, igualmente, me sentia a volitar... Agora, neste Outro Lado, se quero passar de um cômodo a outro, tenho que abrir portas!

— Kardec chegou a mencionar o problema do vestuário dos espíritos? – perguntou Manoel Roberto.

— Recordo-me de ter lido algo em "O Livro dos Médiuns" – replicou Domingas. — Ou terá sido noutra obra da Codificação?

— Não, foi em "O Livro dos Médiuns" mesmo, Domingas – esclareceu o Dr. Odilon –, no capítulo VIII, "Laboratório do Mundo Invisível". Ali, no entanto, Kardec trata das criações temporárias de objetos, quando, por exemplo, um espírito deseja mais bem se identificar junto aos encarnados.

— Criações temporárias? – interrogou Manoel.

— Sim, quando o espírito deseja ser identificado por uma roupa que usava na Terra, um chapéu, uma bengala ou uma tabaqueira, coisas assim.

— São fenômenos fugazes, semelhantes aos de materialização. O tema de nossos estudos, porém, é outro; estamos nos referindo aos objetos de uso mais ou menos permanente no Mundo dos Espíritos, quais aqueles de que os encarnados se utilizam na Terra – definiu Modesta.

— Interessante – aparteou Domingas –, eu me recordo de Chico, em conversa descontraída conosco, se referir às roupas de Meimei, aos broches e colares com os quais costumava aparecer a ele... Não eram adereços de ordem mental; eram criações reais, vestes e jóias trabalhadas no Mundo Espiritual, como este lindo broche, D. Modesta, que a senhora está usando...

— Ah, sim! Este mandei fazer sob encomenda: trata-se de um pequeno cisne talhado em material semelhante a madrepérola... Você gostou?

— Muito! Nunca fui de usar joias, se bem que nunca as tive, a não ser bijuterias que podem ser adquiridas em bancas de camelô.

— Domingas, é bom que eu diga a você que não tem nada a ver com vaidade, e não estou, é claro, fazendo a minha própria defesa.

— Notem – chamei a atenção do público presente para o desdobramento do diálogo entre Modesta e Domingas – o natural aprofundamento do assunto, partindo de uma simples observação de André Luiz em seu livro. Da questão da indumentária em si, passamos à discussão de transcendência relevante, mais afeito às mulheres que aos homens – isto é, salvo uma ou outra exceção –, e tudo por conta de um broche!

Embora a discordância da plateia feminina, o público sorriu.

— Vamos lá, Modesta! Quer dizer que você não está fazendo a sua e a defesa das que estimam...

— ... dos que estimam, Inácio! – apressou-me em retificar.

— Certo. Se nunca nos atritamos pelo muito, quanto mais pelo pouco! Tem homem mais vaidoso do que mulher mesmo – disse olhando maliciosamente para o Manoel Roberto.

— Doutor, cuidar do corpo não é vaidade – respondeu o amigo à minha provocação. — Está lá em "O Evangelho Segundo o Espiritismo", no capítulo 17, "Sede Perfeitos".

— Manoel, você deve ser a reencarnação de um filósofo sofista. Só pode!

O pessoal tornou a descontrair-se, e continuei.

— Você ia dizendo, Modesta, que não é vaidade...

— Não, em minha opinião absolutamente. Vaidade por vaidade, a que a pessoa às vezes acaba tendo por seus dotes naturais é muito pior. A vaidade da inteligência, a vaidade da beleza, da maciez dos cabelos...

— Ih!, os meus eram encrespados! – exclamou Domingas. — Davam-me um trabalhão para desenroscá-los...

— A vaidadc dc uma arcada dentária perfeita...

— Esta eu perdi na ponta do boticão! – foi a minha vez de dizer. — Mas a culpa não cabe ao Odilon!

— D. Modesta tem razão, meu caro – interveio o companheiro. — A vaidade é coisa do espírito e não do corpo. Como, de resto, todas as mazelas morais que, infelizmente, ainda nos caracterizam a imperfeição. Pior do que a vaidade de quem, por exemplo, ostenta um anel de brilhante é a de quem se considera mais brilhante que os outros.

— Conheci uma pessoa que tinha vaidade do timbre da própria voz... Coitado, com certeza, se já não aconteceu, irá renascer mudo ou com uma voz igual à minha: mais rouquenha, impossível!

— Deus ama a perfeição da forma! Deus ama a beleza! Nada é mais belo do que a Vida! A Natureza é a face da Perfeição Divina! O que não é belo é porque ainda não se integrou em Deus! A fealdade está em nossa maneira estrábica de contemplar a Criação! Todas as coisas são potencialmente belas!

Estávamos embevecidos com as palavras de Odilon, que prosseguia:

— A única descrição histórica que possuímos da figura física de Jesus é de autoria de Emmanuel, quando, então, Senador Públio Lêntulos, em carta que escreveu a Tibério Cesar:

*"Há tanta majestade no rosto, que aqueles que o veem são forçados a amá-lo ou temê-lo. Tem os cabelos da cor da amêndoa bem madura, distendidos até as orelhas e das orelhas até as espáduas, são da cor da*

*terra, porém mais reluzentes. Tem no meio de sua fronte uma linha separando os cabelos, na forma em uso nos nazarenos; o seu rosto é cheio, o aspecto é muito sereno, nenhuma ruga ou mancha se vê em sua face de uma cor moderada; o nariz e a boca são irrepreensíveis. A barba é espessa, mas semelhante aos cabelos, não muito longa, mas separada pelo meio; seu olhar é muito especioso e grave; tem os olhos graciosos e claros; o que surpreende é que resplandecem no seu rosto como os raios do Sol, porém ninguém pode olhar fixo o seu semblante, porque, quando resplende, apavora e, quando ameniza, faz chorar; faz-se amar e é alegre com gravidade. Diz-se que nunca ninguém o viu rir, mas, antes, chorar. Tem os braços e as mãos muito belos; na palestra contenta muito, mas o faz raramente e, quando dele alguém se aproxima, verifica que é muito modesto na presença e na pessoa."*

E enfatizou:

— *"É o mais belo homem que se possa imaginar, muito semelhante à sua mãe, a qual é de uma rara beleza, não se tendo jamais visto, por estas partes, uma donzela tão bela..."*

Depois do silêncio que pairou no recinto, exclamei:

— Embora, do ponto de vista místico, Jesus Cristo tenha na face os traços fisionômicos dos homens de todas as raças, não podemos negar que Ele foi a Face mais perfeita com que Deus se apresentou aos homens na Terra! Ele foi a Face do Pai revelada aos seus filhos!...

E, procurando quebrar o silêncio que se prolongava, comentei:

— Vocês estão vendo como a gente vai longe, quando se dispõe a estudar qualquer tema da Vida à luz da Doutrina, que é Fé Raciocinada?

# Capítulo 16

— Voltando a falar sobre a vaidade ligada ao uso de joias – argumentou Domingas –, recordo-me de que, certa vez, uma senhora que se havia tornado espírita lamentava junto a Chico o capricho do esposo, empresário abastado em São Paulo, que fazia questão de vê-la usando os anéis, colares e braceletes com que sempre a presenteava. Principalmente, quando se dispunha a acompanhar o médium à periferia, nas reuniões do sábado, a tarde, à sombra do abacateiro, ela se confessava muito constrangida. — "Minha filha – disse-lhe o Chico –, faça a vontade de seu marido... Não se esqueça de que muita gente que trabalha no garimpo sobrevive à custa da venda de pedras preciosas. Tudo é de Deus. Quantos ourives e joalheiros não sustentam as suas famílias com o trabalho que realizam, comercializando o ouro, o diamante, a esmeralda?!...”

— Sem dúvida – concordei de imediato.

— Mas, a fim de não perdermos o foco, tornemos a falar sobre a indumentária dos espíritos. Odilon, você havia citado “O Livro dos Médiuns”...

— Sim, no capítulo “Laboratório do Mundo Invisível”, Kardec escreveu: — *“Dissemos que os espíritos se apresentam vestidos de túnicas, de roupagens ou mesmo com as suas vestes comuns. As roupagens parecem ser um costume geral no mundo dos espíritos; mas perguntamos onde eles vão buscar suas vestimentas em tudo semelhante às que usavam quando vivos, com todos os acessórios de sua toalete”.*

— *“...com todos os acessórios de sua toalete”* – enfatizou Modesta.

— Que coisa de mau gosto, se todos os espíritos apenas trajassem túnicas da mesma tonalidade, como aqueles longos roupões que eram confeccionados com tecido americano cru!...

— Não nos esqueçamos – observei – de que, neste sentido, ou seja, do guarda-roupa dos espíritos, as primeiras especulações estavam sendo feitas; em tempo algum, a literatura espiritualista cogitara a respeito de assunto aparentemente sem importância...

— Aparentemente, Doutor – frisou Odilon –, porque a questão do vestuário dos espíritos no Além é de máxima importância para que o homem possa atinar com os detalhes de sua própria sobrevivência.

— No livro "Nosso Lar" – aduzi –, no capítulo referente ao "bônus-hora", André Luiz deixa claro aos que dele efetuam uma leitura mais cuidadosa: *"... em 'Nosso Lar' a produção de vestuário e alimentação elementares pertence a todos em comum"...*

— Outro assunto interessante é o da alimentação dos espíritos, não é, Doutor?

— Sim, mas deixemo-lo para outra ocasião, Domingas: seria muita coisa para abordarmos ao mesmo tempo... Por enquanto, nos detenhamos no problema alusivo à indumentária dos *mortos*!

O público se manifestou sorridente.

— Páginas adiante, Inácio, creio que no capítulo 26 da obra, há mais uma citação de relevo – disse Modesta, localizando o parágrafo que passou a ler: — *"Temos aqui as grandes fábricas de 'Nosso Lar'. A preparação de sucos, de tecidos e artefatos, em geral, dá trabalho a mais de cem mil criaturas, que se regeneram e se iluminam ao mesmo tempo".*

— Ótimo! - exclamei. — Permitam-me um comentário paralelo. À época em que "Nosso Lar" foi psicografado, em 1943, a cidade contava um milhão de habitantes... Hoje, principalmente após a chegada em massa dos espíritas, se transformou numa megalópole! Mas cerca de 10% da população se ocupavam nas fábricas dela...

— Doutor - perguntou Manoel Roberto –, quer dizer que, após a chegada em massa dos espíritas?...

— "Nosso Lar", literalmente, explodiu - respondi. — Não é mais um bom lugar para se viver...

— Doutor! – conteve-me Odilon.

— A turma tem que entender que estou brincando, Odilon – retruquei. — Podem dar aí um desconto de 5% no que disse... É o abatimento que faço.

O Instrutor, desistindo de mim, meneou a cabeça.

— Mas é ou não é? – indaguei. — Depois que André Luiz revelou a existência de "Nosso Lar", quase todo espírita que desencarna quer ir para lá, como se ela fosse a única cidade existente no Além. Que falta de imaginação, vocês não acham?! Ora, o Planeta inteiro hoje está rodeado por cidades, povoados, vilas e chácaras em seu espaço geográfico espiritual, abrigando uma população desencarnada que é de três a quatro vezes a população encarnada. É gente que não acaba mais! Se, de fato, não acontecer um êxodo, estaremos perdidos... Eu não me importo de ir junto, não – já estou até com as malas prontas! Como diz um amigo, serei ração de dinossauro em algum mundo primitivo...

— Doutor – chamou-me Domingas, consultando o relógio –, a questão da indumentária...

— Ah, sim! André Luiz ficou nas regiões inferiores do Umbral durante quase nove anos. Pergunto a vocês, parodiando a letra de antiga canção: Com que roupa? – "*... a roupa começava a romper-se com os esforços da resistência...*" Será que ele ficou praticamente nove anos sem mudar de roupa? O que me dizem?

Como ninguém se manifestou, falei:

— Com certeza, ele se via com a sua melhor roupa no Além... O costume que as pessoas têm de vestir o defunto com a melhor roupa não é destituído de fundamento, não! Muitos aparecem neste Outro Lado de paletó e gravata... Depois é que vão sendo despidos pela realidade. Perdem a aparente compostura.

Fiz ligeira pausa e prossegui:

— Roupa alguma dura nove anos no corpo de alguém! Se durar, não há quem chegue perto, concordam? André Luiz, que deve ter sido muito bem enterrado, fez a sua aparição neste Outro Lado vestido a caráter: com o *duplo* das roupas com que lhe cobriram a nudez cadavérica! Aos poucos, no entanto, as suas vestes apodreceram... Sim, porque a situação dele, quando é resgatado por Clarêncio, é a de um esmoler! Nem casa tinha para morar...

Todos acompanhavam as minhas reflexões em silêncio.

— Como foi a chegada de vocês ao lado de *Cá*? – perguntei. — Encontraram um guarda-roupa à disposição? Com a maioria, isto não ocorre! Vamos por analogia. Quase todo espírito que renasce na Terra ganha de presente um enxoval: fraldas, cueiros, pagãzinhas, mantas... Não é assim? Muitos, porém, são enrolados num cobertor *sapeca-negrinho*... Antigamente, menino andava descalço, e calça e camisa eram feitas com pano de saco de açúcar, que as nossas mães suavam para alvejar. Uma camisa melhor custava uma fortuna! A gente vestia as roupas usadas, que iam passando de irmão para irmão, de primo para primo...

— Eu só tinha uma calça e duas camisas – comentou Manoel Roberto. — Ah!, e um par de meias, que lavava toda noite!

— Pois é. Ainda hoje, nas ruas das cidades, muitos andam esfarrapados...

E contei:

— Conheci um pedinte que usou, durante exatos dois anos, a camisa que lhe dei: ela chegava a grudar em sua pele! A calça só não se rompera na região que cobre as partes pudendas... Dois anos! André Luiz ficou quase nove anos no Umbral! E eu insisto: Com que roupa?

— Ele deve ter ganhado de alguém, não?

— Correto, Domingas: ganhou ou achou!

— Não ele, mas alguns certamente chegam, inclusive, a surrupiar...

— Exato! Odilon – perguntei ao amigo –, o que você tem a dizer?

— Nada, eu estava aqui pensando, Doutor.

— Pensando?...

— Sem ter o mérito de André Luiz, tivemos, ao deixar o corpo, maior regalia.

— André foi um escolhido, predestinado! – exclamei. — Não temos como sondar os Desígnios Divinos!

— Se ele ficou quase nove anos no chamado "Umbral Grosso", a rigor era para que eu tivesse ficado, no mínimo, quarenta anos – falou Domingas.

— E eu, então? – emendou Manoel Roberto.

— Ah!, você, Manoel, no mínimo, cem anos – gracejei.

— Olhe, Doutor, em sua companhia, eu ficaria até duzentos; todavia, sem o senhor, nem um só dia!

— Não está mesmo me saindo um filósofo sofista este rapaz? Você deve ter sido a reencarnação de Protágoras ou Górgias...

— Vocês, como sempre, dois meninos traquinas! – disse Modesta com carinho.

— A desencarnação não fez com que o Manoel deixasse de ser Manoel e nem que o Inácio deixasse de ser Inácio. Espírito é gente, é pessoa! Não estamos aqui falando em roupa, alimentação e tudo mais? A rigor – interroguei –, o que muda?

— A paisagem, Doutor! – respondeu Domingas.

— Para muitos, nem a paisagem muda, minha cara – sentenciei. — Brincadeiras à parte, não fosse o conhecimento espírita, talvez nada tivesse mudado para nós.

— A não ser para pior, como aconteceu a André Luiz.

— Para ele, no entanto, a piora antecedeu significativa melhora. A sua permanência nas Dimensões inferiores do Plano Espiritual foi a sua abençoada estrada de Damasco! André era um diamante que o limo das convenções humanas havia tisnado temporariamente... Quem nos dera ser ele!

— Realmente.

— Para a grande maioria, o fenômeno da desencarnação é como alguém que, entrando pela porta da frente de uma casa, sai pela porta dos fundos, indo parar no quintal... O conhecimento do Espiritismo faz com que, entrando pela porta dos fundos, saiamos pela porta da frente desta mesma casa, deparando-nos com a beleza do jardim em manhã banhada de Sol!

# Capítulo 17

As nossas reuniões de estudo sobre alguns aspectos da Vida Espiritual, com base na obra "Nosso Lar", estavam sendo bastante proveitosas, inclusive para nós, que tomávamos consciência cada vez maior das realidades que muitos, mesmo além da morte, continuavam ignorando.

No intervalo de um desses nossos encontros, entrei em animada conversação com Odilon, abordando o assunto da mediunidade.

— Odilon – perguntei –, como você avalia o trabalho mediúnico que temos procurado desempenhar? Alguma ressalva a ser feita?

— Não, Doutor, de minha parte, não. Tudo vai seguindo conforme esperado. É claro que poderíamos render bem mais, caso as circunstâncias nos favorecessem.

— A quais circunstâncias você se refere?

— Às que, principalmente, dependem de nós. Não estou fazendo nenhuma alusão à natural oposição às novas ideias. Se médium e espírito melhor se ajustassem psiquicamente, o rendimento seria outro. Nós aqui, com as nossas lutas, e os médiuns lá, com as lutas que lhes são pertinentes.

— O pessoal imagina que o "transe mediúnico" seja algo inteiramente mecânico...

— Antes fosse, mas não é. Espírito e médium carecem de se entrosar. Na verdade, dependemos do médium mais até do que ele depende de nós.

— Sim, porque efetuamos o "chamado", porém, se o médium não se revela apto para proceder ao atendimento, o "telefone", como dizia Chico, fica tocando inutilmente...

— Doutor – perguntou Odilon –, como acontece o fenômeno entre o senhor e o médium?

— Está aí uma pergunta que, de fato, eu vou gostar de responder. Você sabe: não há dois médiuns absolutamente iguais, mesmo quando portadores de faculdades semelhantes.

— Sim, cada qual com suas características e – por que não dizer – com seu grau de sensibilidade, como não há dois espíritos que, na transmissão de seu pensamento ao medianeiro, sejam idênticos.

— O que o senhor está dizendo é de suma importância para melhor compreensão da mediunidade em cada um. Tem médium, Doutor, que nem ele próprio atina com o fenômeno da receptividade do pensamento que lhe chega do espírito comunicante.

— Por favor, exemplifique – solicitei.

— A maioria dos médiuns que supõe psicografar não psicografa: "ouve-nos" o pensamento! Não sabe que é clariaudiente...

— Muitos são intuitivos!

— Exatamente. O que, convém ressaltar, não lhes invalida a condição mediúnica, em termos de confiabilidade.

— Desde, é claro, que eles mesmos não descreiam de sua capacidade.

— Sem dúvida!

— Comigo, Odilon, e o médium de que presentemente me valho, funciona assim: é como se eu e ele estivéssemos numa sala conversando...

— A mediunidade como uma sala-de-estar!

— Com toda a naturalidade. Trocamos ideias, efetuamos ponderações, discutimos a conveniência, ou não, desta ou daquela abordagem... A rigor, a menos que esteja subjugado, o médium não filtra aquilo com que não concorda.

— Nem que seja em nível inconsciente, ele há de concordar – observou com precisão o companheiro.

— Aliás, a denominação "médium inconsciente" não corresponde à realidade do que acontece durante o fenômeno. No médium dito "inconsciente", o grau de lucidez mediúnica é sempre relativo e nunca absolutamente nulo.

— Em médium algum, o grau de lucidez é absolutamente nulo!

— E o que me diz de Chico Xavier?

— Chico foi o protótipo do médium do futuro na Terra.

— Como seria, por exemplo, o seu relacionamento com Emmanuel? – questionei.

— Emmanuel estava com ele, e ele estava com Emmanuel em perfeita parceria!

— Perfeita tanto quanto possível – ressalvei.

— Digamos: parceria ideal!

— Sempre teria sido assim, Odilon?

— No princípio, não: havia mais Emmanuel do que Chico! Com o tempo, porém, as ações entre os dois se equilibraram.

— Então, a mediunidade em Chico foge aos padrões estabelecidos?

— Em todo médium, Doutor, a mediunidade foge aos padrões estabelecidos. Encontramos em "O Livro dos Médiuns" orientações de caráter geral. Toda faculdade mediúnica está sujeita a evolução. As percepções, sejam de natureza física ou psíquica, igualmente evoluem.

— Como? – indaguei, interessado.

— Os sentidos se aprimoram e, com o seu aprimoramento, o "modus operandi" da mediunidade vai se diversificando. Já não estamos no tempo das mesas girantes...

— Chico psicografava a lápis, passou a psicografar a caneta...

— E hoje, provavelmente, escreveria ao computador!

— E a questão do médium sentir dormência no braço, respiração ofegante?...

— Sintomas arcaicos e superados. A tendência da mediunidade é diminuir sintomas exteriores, acentuando os interiores.

— Então você acha que a mediunidade esteja passando por um processo de refinamento?

— As evidências assim o dizem. O senhor dita ao médium palavra por palavra do que pretende transmitir?

— Não!

— Conduz o braço dele sobre o teclado do computador?

— Também não!

— O fenômeno ocorre em nível de...

— Pensamento!

Depois da pausa, que se fez natural, perguntei:

— Odilon, e as técnicas preconizadas para desenvolvimento mediúnico? Elas ainda são válidas?

— O senhor se recorda de alguma vez Chico ter ensinado a alguém como desenvolver mediunidade?

— Não, nunca.

— Alguma vez orientou esta ou aquela reunião específica para desenvolvimento da mediunidade?

— Não, ao que eu saiba.

— Em geral, o que recomendava aos que o procuravam com sinais de mediunidade? Devem ter sido milhares...

— Que estudassem e trabalhassem. Apenas isto: estudo e trabalho! E não ficassem "inventando modas"...

— O senhor conhece alguma reunião de desenvolvimento mediúnico que, verdadeiramente, tenha dado resultado?

— Não, não conheço, e, às vezes, tal reunião até subtrairia o médium à sua capacidade de trabalho na casa espírita. Porque participa de uma reunião de desenvolvimento, muito candidato a médium se sente desobrigado de outras atividades que lhe seriam mais produtivas justamente para o que almeja: o desabrochar de suas possibilidades psíquicas! Hoje, há muita teoria e pouca ação.

— Uma teoria que, infelizmente, não converge para a ação – pontificou o Instrutor.

— O que está faltando, Odilon, é *Espiritismo praticado*. Não estou me referindo ao Espiritismo prático, mas, sim, ao vivenciado.

— E vivenciado, Doutor, no cotidiano: no lar, no ambiente de trabalho profissional, na casa espírita...

— E, na casa espírita – acentuei –, de uns para com os outros. Os nossos companheiros andam muito divididos. O personalismo vem anulando muita gente promissora. A vaidade vem mexendo com a cabeça de muitos médiuns e dirigentes. A política de bastidores, coisa que não existia na Doutrina, está dando oportunidade a nefastas influências no Movimento.

Observando que Manoel Roberto se aproximava a passos apressados, considerei incisivo:

— Basta de Espiritismo prático! *O momento é de Espiritismo praticado!*

— Perdoem-me a intromissão – falou o amigo, que portava uma mensagem dirigida a Odilon e a mim. — Este comunicado, da "Fundação Emmanuel", acaba de chegar.

— Da "Fundação Emmanuel"?! – disse trocando significativo olhar com Odilon, a quem, de imediato, passei a correspondência, para que fosse ele o primeiro a se inteirar do conteúdo.

— Trata-se – esclareceu – de um comunicado de Ferdinando, que nos convoca para uma reunião em caráter emergencial a ser realizada amanhã.

— Reunião em caráter emergencial, na "Fundação"?! – murmurei. — Creio que já desconfio o que seja. Pressinto hora de suma gravidade para o nosso Movimento.

— Manoel – adiantou-se Odilon, deixando-me a cismar –, por favor, confirme a nossa presença. Eu e o Dr. Inácio lá estaremos.

# Capítulo 18

Valendo-nos da capacidade de volitar, no outro dia, logo de manhã, estávamos na "Fundação", sendo recebidos, eu e Odilon, pela gentileza de Ferdinando.

— Como vão passando? – saudou-nos com alegria, assim que nos viu.

— Tudo bem e você, como vai? – perguntei retribuindo.

— Na abençoada rotina de sempre: trabalho e mais trabalho!

— Verdadeiramente – comentou Odilon –, o trabalho é o nosso pão de cada dia, mormente quando nos dispomos a servir ao Senhor.

— Por favor, sigam-me – solicitou Ferdinando, conduzindo-nos a sala reservada.

Acomodamo-nos, e ele passou a explicar:

— Pedi que viessem porque sei da tarefa que ambos vêm desenvolvendo junto aos nossos irmãos encarnados. Vocês são amigos de nossa extrema confiança. Recebemos, dias atrás, de nossos Maiores, um comunicado para que procurássemos nos entender e alertar todos os tarefeiros que, operando nas regiões da Crosta, têm sido fiéis ao propósito de servir desinteressadamente à Doutrina que abraçamos.

— Temos feito o possível – redargui.

— O assunto é grave – enfatizou Ferdinando. — Conforme pressentíamos, há mesmo um movimento sub-reptício para que as obras mediúnicas de Chico Xavier sejam retiradas de foco.

— Que absurdo! – exclamei.

— E partindo de alguns próprios adeptos, que, aparentemente, se empenham em sua difusão.

— Isto é o pior! Lobos em pele de ovelhas...

— Com certeza, estão agindo sob o fascínio das Trevas, Doutor – elucidou Odilon. — Não creio que ajam de maneira consciente.

— A maioria, não, Dr. Odilon – observou Ferdinando com sensatez.

— Acredito que nenhum deles – tornou o Instrutor. — A perturbação possui sutilezas que estamos longe de avaliar. Como o nosso Dr. Inácio costuma dizer, a imperfeição espiritual é uma doença.

— De fato, é – comentei – e, por este prisma, você tem razão. Inteligência e perspicácia nem sempre traduzem equilíbrio.

— Motivações a parte – ponderou Ferdinando –, o certo é que necessitamos intensificar esforços no sentido de preservar a Obra do grande medianeiro, que, para nós, é o complemento natural da Codificação.

— Sem dúvida – concordou Odilon.

— Eles não estão agindo por si mesmos – continuou o Diretor da "Fundação". — Há pesados interesses em jogo... O objetivo central é o de não consentir a emancipação mental do homem encarnado. Vocês não ignoram que os adversários da Luz tentaram, de todas as maneiras, impedir que a Codificação surgisse a lume.

— A luta de Kardec foi titânica! Sinceramente, não sei como ele conseguiu levar a cabo sua missão...

— O Plano Espiritual Superior conseguiu mantê-lo no anonimato até a publicação de "O Livro dos Espíritos", em 1857, mas, desde então, as suas lutas se acirraram: durante doze anos, até a data de sua desencarnação, ocorrida em 1869, o Codificador faceou todo tipo de dificuldade...

— Tentaram comprometê-lo de todas as maneiras...

— Sendo que o objetivo – observou Odilon –, sem dúvida, era o comprometimento moral da Obra.

— O mesmo tentou-se fazer com Chico Xavier – aparteou Ferdinando –, apenas com a diferença de que o médium de Pedro Leopoldo sustentou luta mais intensa, que durou de 1932, data de publicação do "Parnaso de Além-Túmulo", até 2002, quando desencarnou: foram setenta anos de testemunho cotidiano!

— Agora que ele desencarnou, não é...

— Exatamente, Doutor – agora que são passados pouco mais de cinco anos de sua desencarnação, os opositores encarnados e desencarnados da Doutrina...

— Estão mostrando as garras! Antes, a força moral de Chico os inibia...

— Vejamos o que aconteceu ao Espiritismo, no berço da própria Codificação, após Kardec ter deixado o corpo. A guerra franco-prussiana, que eclodiu em 1870...

— Um ano depois da desencarnação de Kardec!

— ...foi uma manobra das Trevas para coibir o crescimento da Doutrina.

— O que, em parte, se conseguiu, não é, Odilon? – aditei às palavras do companheiro que se manifestara.

— Sem dúvida. O pretexto, como sempre, era político, mas o que se pretendia era o cerceamento da fé religiosa!

— A Guerra do Mal, em essência, é uma guerra contra a idéia de Deus.

— Os nossos Maiores – considerou Ferdinando –, obedecendo aos ditames do Senhor, conseguiram transferir a Doutrina do cenário de tantos conflitos na Europa, localizando-a no Brasil, à distância dos embates que, infelizmente, estão longe de terminar naquelas plagas. O Brasil, pelo menos por enquanto, permanece indene à sandice dos povos considerados mais civilizados do Planeta.

— Se bem que, conforme não ignoramos, muitos caudilhos reencarnados vêm se erigindo em perigosa ameaça à paz que reina ao redor de suas fronteiras.

— Mas pelo menos, Doutor – retrucou Ferdinando –, uma guerra lá, por absoluta ausência de poderio bélico, não promoveria tantos estragos. Ao contrário, na Europa...

— Esperamos que sim – frisei. — Aliás, Chico nos dizia que, caso ocorresse um confronto de destruição em massa na Europa, envolvendo a América do Norte e os países árabes...

— E os asiáticos também! - emendou Odilon.

— ...os remanescentes fugiriam para o Brasil, ocupando principalmente a Amazônia.

— Eu também me recordo, Doutor, desta fala dele – concordou o Instrutor, acrescentando. — Ainda disse que, neste exato momento, acolhendo-os como irmãos, é que a Doutrina Espírita, então, seria apresentada aos fugitivos...

— Eis o Brasil, assumindo a sua condição de Coração do Mundo e Pátria do Evangelho!

— Daí a importância de o Espiritismo ser preservado em sua integridade doutrinária – emendou Ferdinando. — No Espiritismo, os povos necessitam de encontrar Jesus Cristo!

— E a obra mediúnica de Chico, isto é inegável, é toda voltada para o Evangelho.

— Por isto mesmo é tão combatida, Doutor ponderou Odilon. — Se o Espiritismo, para florescer na Europa, teve que se desenvolver mais em seu aspecto científico, no Brasil é que ele deve se revelar na condição de Consolador Prometido.

— Cabe ao Espiritismo, conforme aplicado e vivenciado no Brasil, oferecer Jesus ao mundo!

— É isto mesmo. Possuindo, como nós, esta antevisão, no que diz respeito à função precípua do Cristianismo Redivivo, as Trevas, com o intuito de desfigurá-lo, se mobilizam.

— Será uma época de grande confusão no Movimento e, portanto, há necessidade de maior vigilância! – exclamei.

— O propósito não é o espírita em si, não é o médium, mas, sim, o que ele representa.

— O propósito é o que Jesus representa! – resumiu Odilon.

— Exato! A proposta de renovação moral do homem, o que vem sendo marginalizado pelo próprio homem, ao longo das vidas que se sucedem.

— E Chico Xavier?...

— Chico – elucidou Ferdinando – é o alvo preferencial! A sua vida, a sua Obra! Vejam as polêmicas que a sua tarefa vem suscitando...

— Ele vem, inclusive, sofrendo agressões morais, ataques em todos os flancos, intentando reduzi-lo à condição de médium comum.

— Subtraindo-lhe a condição de missionário da Terceira Revelação, que renasceu comprometido com a tarefa de complementação do Pentateuco...

— Que é de sua coautoria! – reafirmei.

— ...pretendem nivelar a sua Obra à de tantos outros que, se vêm cumprindo com o dever que lhes cabe como coadjuvantes, estão longe de desempenhar o papel principal!

— Não estamos – observou Odilon com propriedade –, desmerecendo o trabalho de ninguém, pois todo empenho em favor da Causa que nos é comum é de significativa importância, no campo da difusão de nossos Princípios.

— Absolutamente! Desconsiderar o esforço, por menor que seja, de qualquer um de nossos irmãos de Ideal seria ignorar o valor do operário humilde na edificação do mais alto edifício.

— Os continentes se formam a partir do trabalho anônimo dos corais, e extensas faixas de terra se fertilizam pela ação dos vermes que as revolvem...

À pausa que se fez natural, Ferdinando elucidou:

— A questão sobre a qual conversamos torna-se mais grave, porém, porque, com raras exceções, vem sendo fomentada pelos que ocupam cargos de liderança no Movimento.

— Tirar Chico Xavier do foco das atenções dos espíritas e do povo em geral?! Jamais o conseguirão! Chico está no coração da maioria, que nele e em sua Obra pressente algo do próprio Cristo na Terra – enfatizei com certa indignação.

# Capítulo 19

— Correto, Doutor – endossou Ferdinando o que eu acabara de dizer. — Eu também creio que as Trevas nunca lograrão o intento de empanar o brilho da tarefa que Chico cumpriu de maneira exemplar. Não obstante, e espero que o senhor concorde comigo neste ponto, poderão lançar a cizânia entre os companheiros menos sensatos e prudentes, obstaculizando o avanço da Doutrina como almejamos, ou seja: sem qualquer dissociação de seu aspecto ético-religioso, o único que pode induzir o homem a renovar-se para sempre!

— Concordo inteiramente com a ressalva – observei –, e precisamos mesmo trabalhar pela unidade doutrinária, sem que, por exemplo, o seu caráter científico sobrepuje o religioso, e vice-versa.

— Todavia – interveio Odilon –, precisamos deixar claro que a Verdade sem o Amor, em qualquer tempo, será objeto de dissensão entre os homens, que haverão de se conflitar pela sua primazia.

— E mais, sem o Amor, a civilização corre sério risco de esfacelar-se – acrescentei. — Se me permitem, gostaria de destacar uma questão de "O Livro dos Espíritos".

— À vontade, Doutor – respondeu o confrade que nos recepcionava.

— Trata-se da pergunta 689: "*Os homens de hoje são uma nova criação ou os descendentes aperfeiçoados dos seres primitivos?*" Os Espíritos responderam: "*São os mesmos espíritos que **voltaram**, para se aperfeiçoarem em novos corpos, mas que ainda estão longe da perfeição. Assim, a raça humana atual, que, por seu crescimento, tende a invadir toda a Terra e substituir as raças que se extinguem, terá também o seu período de decrescimento e extinção. Outras raças mais perfeitas a substituirão, descendendo da raça atual, como os homens* *civilizados de hoje descendem dos seres brutos e selvagens dos tempos primitivos".*

— O Planeta, sem dúvida, já abrigou diversas civilizações... A atual, que é a nossa, um dia também cederá lugar a civilização mais avançada.

— Formada, no entanto, pelos mesmos espíritos - elucidou Odilon -, dentre os que, evidentemente, não forem expurgados.

— Espíritos que, além de terem se reciclado noutras moradas da Casa do Pai, reencarnarão com novos propósitos, dispostos a fazer da Terra um mundo melhor.

— O tão sonhado Mundo de Regeneração!

— O qual, pelo que deduzimos, poderá ou não se realizar a partir da civilização atual, não é, Ferdinando?

— Tenhamos confiança, Doutor - exortou Odilon.

— Sim, mas não estou dizendo nenhum absurdo: o Mundo de Regeneração poderá vir com outra civilização, que descenda da que constituímos! Os Espíritos, na resposta a Kardec, foram claros: *"Assim, a raça humana atual (...) terá também o seu período de decrescimento e extinção"*. O mundo primitivo não se extinguiu, dando lugar ao orbe de provas e expiações?!

Querendo, talvez, retomar o assunto que nos levara à "Fundação", Odilon perguntou a Ferdinando:

— De prático e objetivo, o que a "Fundação" vem fazendo para que as obras da lavra mediúnica de Chico Xavier não sejam retiradas de foco?

— Temos, através de companheiros espirituais diversos, ligados ao nosso modo de pensar, incentivado o seu estudo nas casas espíritas e a sua mais ampla divulgação, para que, neste sentido, não perdure o hiato que ocorreu com a desencarnação de Chico.

— Hiato, diga-se de passagem, que, formando uma espécie de vácuo, deu ensejo a candidatos à sua pretensa sucessão...

— Os candidatos aos quais se refere não são necessariamente pessoas, não é?

— Não, Odilon. Você sabe que não, em que pese à absurda tentativa de um ou outro, apostando "todas as fichas" em que isto pudesse ocorrer. Felizmente ou infelizmente, não sei, revelaram a sua incapacidade espiritual para tanto. Desculpe-me a franqueza, meu caro.

Silenciei por momentos e prossegui:

— Os candidatos aos quais aludi igualmente se fazem representar por grupos que, hipotecando fidelidade a Kardec, desconsideram a obra de Chico Xavier.

— O senhor tocou num ponto fundamental – redarguiu Ferdinando com o semblante preocupado. — Tais blocos reacionários não enxergam que, sem Evangelho, o espírito humano é candidato a repisar experiências negativas, comprometedoras de seu futuro espiritual. Em maioria, são espíritos que trazem consigo o ranço religioso do passado...

— Interessante é que se opõem a um estado de coisas, no campo da Religião, que eles mesmos auxiliaram a fomentar, com a sua ortodoxia e intolerância.

— Saem de um extremo para outro: no pretérito, efetuando a defesa de suas posições hierárquicas na Igreja, fanatizavam-se ao Cristo...

— Agora – completei –, querem imputar ao Senhor a responsabilidade por seus equívocos!

— Precisamos agir com a máxima cautela – pontificou Odilon. — Somos todos irmãos e não devemos marginalizar a quem quer que seja. Tanto quanto possível, necessitamos fugir a todo e qualquer rótulo.

— Odilon, você é uma alma pura: admiro-o cada vez mais! Ah, *se todos fossem iguais a você* – disse com sinceridade, recordando o refrão de famosa canção popular brasileira. — Você, como sempre, está certo. O ideal seria caminharmos todos juntos... Impossível, porém.

— Hoje, infelizmente – considerou Ferdinando –, pretextando lealdade a Kardec, os segmentos doutrinários se diversificam...

— ...com inegável enfraquecimento do Movimento! – exclamei.

— Porque os próprios irmãos de Ideal ainda não aprenderam a discordar apenas das ideias...

— No Movimento – frisei –, está acontecendo uma coisa drástica: *é proibido pensar!*

— O senhor está com a razão, Doutor – tornou o Instrutor. — Não podemos cercear a liberdade de expressão de quem quer que seja. Quem não concorda conosco merece o nosso respeito.

— Eu fico pensando, sabe, nas palavras que Jesus pronunciou na Parábola dos Lavradores Maus: *"Portanto vos digo que o Reino de Deus vos será tirado e será entregue a um povo que lhe produza os respectivos frutos".*

— De fato, tal asserção do Mestre dá o que pensar – redarguiu Ferdinando. — Chico dizia que o livro de Humberto de Campos, "Brasil – Coração do Mundo, Pátria do Evangelho" era uma exortação do Mundo Espiritual aos brasileiros...

— Mera expectativa do Alto, não é?

— Que poderá, ou não, se confirmar. Aliás, tal expectativa não é com referência apenas ao desempenho da Doutrina no Brasil.

— O autor espiritual da mencionada obra fala em "Pátria do Evangelho" e não em Pátria do Espiritismo!

— Exatamente, Doutor. Mas, voltando ao assunto que motivou esta nossa reunião, precisamos insistir com os companheiros que se afinam com a obra mediúnica que os Espíritos escreveram através de Chico, para que não se descurem do exemplo, que é o mais poderoso dos argumentos.

— Que não esmoreçam na tarefa, que persistam no cumprimento do dever, enfim, que vivenciem o que pregam...

— Que continuem fazendo tremular, bem alto, a bandeira da Caridade!

— Eis aí, Odilon, algo que merece mais demoradas considerações: **a tão controvertida questão da Caridade!** Articularam tal conspiração contra ela, que hoje, infelizmente, a própria palavra se encontra em desgaste...

— Lamentavelmente – concordou o amigo.

— Tem espírita combatendo a Caridade, por incrível que pareça. Esquecem com tremenda facilidade que, graças a ela, é que o Movimento se impôs, adquiriu credibilidade, conquistou a simpatia dos adeptos de outras crenças. A bem dizer, a virtude da Caridade, ultimamente, vem sendo massacrada!

— Os blocos opositores que foram mencionados, responsáveis por vários movimentos paralelos dentro da Doutrina, são contra a Caridade – recordou Ferdinando.

— É uma de suas características. Incorporaram ao seu um discurso político de natureza socialista, para não dizer comunista. Os antigos "batedores de panela" que viviam clamando por justiça social nas ruas estão aí: corrompendo-se no poder!

— Doutor!

— É verdade, Odilon. O problema não está no regime político em si, mas no homem.

Dirigindo-me a Ferdinando, comentei:

— Não sei se você já sabe, mas, lá no Hospital, estamos estudando sistematicamente o livro "Nosso Lar". A turma não estuda *lá embaixo*; a gente estuda aqui *em cima*... Curioso, não? No capítulo "Organização de Serviços", Lísias diz a André que, à época em que a obra foi escrita, 1943, o Governador comemorara "o 114º aniversário da sua magnânima direção"... Veja o sonho de todo ditador concretizado! 114 anos no poder!

Ferdinando e Odilon sorriram, e continuei:

— Antes, porém, Lísias esclarece: "*... é ele o trabalhador mais infatigável e mais fiel que todos nós reunidos. Os Ministros costumam excursionar noutras esferas, renovando energias e valorizando conhecimentos; nós outros gozamos entretenimentos habituais, mas o Governador nunca dispõe de tempo para isso. Faz questão que descansemos, obriga-nos a* *férias periódicas, ao passo que, ele mesmo, quase nunca repousa, mesmo no que concerne às horas de sono.* ***Parece-me que a glória dele é o serviço perene"!***

Estaquei na citação e perguntei com certa indignação:

— O Governador de "Nosso Lar" não se parece com os nossos políticos no mundo?! Ah!, e, salvo os descontos de praxe, com os dirigentes espíritas também?!

Odilon meneou a cabeça e, desta vez, nada se animou a me dizer.

# *Capítulo 20*

Convidados, então, por Ferdinando, partimos nós três para uma observação de campo, buscando constatar na prática a delicada situação vivenciada pelo Movimento Espírita na atualidade.

Vencendo a distância que nos separa da Crosta, chegamos a importante cidade no interior de um dos Estados mais progressistas do País.

Nas vizinhanças da Instituição que visitaríamos, observamos quase à suas portas um grupo de estranhas entidades que, sinceramente, não consegui identificar de imediato. Não eram padres desencarnados e não eram monges fora do corpo... Vestiam um roupão acinzentado, com um capuz quase a lhes cobrir o rosto por inteiro.

— Quem são eles? – perguntei a Ferdinando.

— Espíritos com alto poder hipnótico – respondeu quase em sussurro. — Revezam-se aí fora, mentalizando os dirigentes da casa que adentraremos.

— Pertencem a algum credo religioso específico?

— Não! São adversários do Evangelho e vivem pregando que Jesus não passa de mito.

— Acreditam no Espiritismo?

— No Espiritismo laico; se é que existe algum, sim.

— Combatem o aspecto religioso da Doutrina, não?

— Combatem a Jesus Cristo!

— Admitem a Reencarnação? – procurei confirmação sobre o que já sabia.

— Sim.

— Então eu não entendo...

— Nem eles mesmos, Doutor, podem se entender.

— Gostam da Doutrina Espírita? – insisti.

— Sem Jesus, sim.

— O que querem, então?

— Outra forma de poder.

— Eles possuem um líder?

— Possuem. Facção alguma existe sem liderança, Doutor. Eles também obedecem, apenas abjuraram o "jugo leve"...

— Eu poderia, depois, conversar com algum deles?

— Sem problema – respondeu Ferdinando, adentrando conosco o prédio da instituição.

— Vamos à livraria – convidou.

Logo no piso térreo, em sala pouco mais espaçosa, nos deparamos com a livraria, onde três pessoas conversavam a um canto.

— Observem os livros em exposição nas prateleiras – concitou-nos o companheiro.

Qual se estivesse falando a sós, à medida que averiguava os títulos à mostra, ia murmurando:

— Kardec... Denis... Bozzano... Chico Xavier...

De repente, percebendo a existência de pequeno número de obras psicografadas por Chico, observei:

— Está repleta de autores novos, mas das 439 obras devidas à psicografia de Chico Xavier...

E passei a contá-las:

— 23 títulos somente! – exclamei. — Algumas de Emmanuel, poucas de André Luiz... Apenas um exemplar de "Nosso Lar"!

Enquanto Odilon se aproximava dos três encarnados que dialogavam, com um deles se expressando em tom quase exaltado, falei a Ferdinando:

— "A Caminho da Luz" não está aqui! Será que está com a edição esgotada?...

— Não – respondeu o Diretor da "Fundação".

— De Humberto de Campos, não vejo nem uma obra para remédio... O que estará acontecendo? A livraria está quebrada? Não me parece, pois, inclusive, vejo livros em castelhano.

Nesse ínterim, Odilon, acenando para nós, nos chamou para presenciar o diálogo inflamado entre as três pessoas, dois homens e uma mulher, que, naquele momento, lá se encontravam.

— O Espiritismo, no Brasil, precisa mudar – dizia o que mais gesticulava. — Espiritismo é Kardec e pronto, mais nada! Precisamos acabar com essa influência igrejeira que contamina o Movimento... Aqui, em nossa livraria, não entra livro eminentemente religioso. Temos, sim, alguns títulos em exposição, para atender aqueles que queiram pesquisar...

Olhei para os dois amigos ao meu lado e, com anuência de ambos, praticamente "incorporei" na mulher pela qual, então, passei eu a questionar aquele que era um dos mentores encarnados da instituição que visitávamos.

— O que você tem contra Emmanuel? – indaguei através da médium que controlava.

— Não sou eu. É o nosso modo de pensar – respondeu, algo incomodado. — Emmanuel, a se levar em conta que, de fato, é o Padre Manuel da Nóbrega, foi jesuíta há pouco tempo...

— A se levar em conta, por quê? O senhor descrê das informações pessoais de Chico Xavier a respeito?

— Chico não era infalível. Ou era?!

— Não, mas, durante 75 anos de exercício público da mediunidade, deu provas suficientes de sua idoneidade moral. Uma dúvida como a que o senhor levanta coloca em xeque toda a trajetória de vida dele...

— Não estou questionando a bondade de Chico. Eu o conheci, estive com ele pouquíssimas vezes, mas sei que era um homem bom.

O segundo homem do grupo, que era o esposo da mulher que eu induzira ao transe, olhava assustado para ela.

— Desculpe-me, mas a sua argumentação é incoerente. Kardec coloca a idoneidade moral do médium como salvaguarda contra as mistificações.

— Chico não mistificava de maneira consciente...

— Ah, não? E de maneira inconsciente: mistificava?...

O homem, acuado, fazia um esforço enorme para se controlar.

— Emmanuel, em suas obras, apenas recomenda o Bem, a Caridade – disse, externando a minha incompreensão.

— Por favor, não fale em Caridade – o homem se exacerbara, colocando-se mais à mostra. — Caridade é coisa de coitadinho... A criatura humana precisa de luz e não de pão. Kardec cometeu um erro terrível ao publicar "O Evangelho Segundo o Espiritismo" – foi o seu único momento de fraqueza!

— O quê?! "O Evangelho Segundo o Espiritismo" foi um momento de fraqueza do Codificador? Então como ficamos, se os Espíritos, por intermédio dele, recomendam que rejeitemos nove verdades, mas não aceitemos uma só mentira?...

Embaraçado, o interlocutor gaguejou:

— Não, não foi o que eu quis dizer. Ele somente não deveria ter editado a obra...

— Não, o senhor está sendo incoerente – retruquei implacável. — Da crítica a Emmanuel, passa a criticar Allan Kardec?! Assim, do Espiritismo, não há de sobrar nada... Ou será exatamente porque Emmanuel era um dos integrantes da Falange do Espírito da Verdade?

— A senhora está tirando conclusões por mim...

Vocês não sabem o que é ser chamado de "senhora", se sentindo um senhor...

— Eu não vi uma única obra de Humberto de Campos nas prateleiras... O que vocês têm contra? – desfechei.

— Ele é sectário...

— Humberto de Campos, sectário?

— Por Chico Xavier, sim. Onde é que já se viu uma obra como "Brasil – Coração do Mundo, Pátria do Evangelho"?

— Para o senhor, o título invalida todo o conteúdo da obra? Os bastidores espirituais do descobrimento do Brasil, a chegada do Espiritismo à nossa terra, a imigração dos espíritos comprometidos com a colonização do País...

— Chico errou: a referida obra jamais deveria ter sido escrita!

— Chico errou, Emmanuel errou, Kardec errou, Humberto de Campos errou...

— Escute, minha irmã, qual é a da senhora?

— Nenhuma, estou apenas querendo entender.

Percebendo que o "meu" marido começava a se sentir constrangido, maneirei:

— O que me diz de André Luiz?

— O que salva, em termos, é "Evolução em Dois Mundos"...

— E aquele atendimento mediúnico de Chico às mães que o procuravam em Uberaba?...

— Feito as mães argentinas, pranteando os filhos na "Praça de Maio", não é? Cá entre nós, um despropósito... Um médium com aquela capacidade, ocupando-se de comunicados banais: as cartas-familiares de além-túmulo!

— Ah!, agora o senhor concorda que o Chico era capaz?...

# Capítulo 21

O diálogo um tanto acalorado com o dirigente da instituição cessou por ali, com o casal que com ele conversava se retirando, dando-nos ensejo de ouvir o que o marido comentou com a mulher:

— De onde você tirou aqueles argumentos, Leonor? O homem ficou uma fera!...

— Não sei. Senti irresistível vontade de falar, como se as palavras fluíssem em meu cérebro feito água caindo em cascata...

— Ele ficou magoado. Não vamos poder voltar aqui.

— Não tem importância. Afinal, quem é ele para falar daquela maneira sobre Chico Xavier. Prefiro mil vezes continuarmos frequentando o Centro de D. Joaquina, que é semianalfabeta, mas, pelo menos, não fica com toda aquela empáfia...

— Você tem razão.

Passando pelo grupo das entidades, o casal se afastou, e, com Ferdinando e Odilon, aproximei-me daqueles espíritos cuja condição eu não consegui definir.

— Como vão, meus amigos? – perguntei, aguardando resposta.

— Tudo em paz? – insisti, ante o silêncio em que se mantiveram.

Um dos quatro, adiantando-se, indagou-me:

— A que paz você se refere?

— À paz de espírito – respondi, cauteloso –, à paz que nos advém da consciência tranquila...

— Primeiro – disse a entidade extremamente emagrecida, de mais de dois metros de altura –: eu não costumo conversar com quem não conheço... Qual é o seu nome?

— Inácio – apresentei-me.

— Inácio de quê?...

— Na Terra, registraram-me como Ignácio Ferreira de Oliveira, que simplifiquei em cartório para *Inácio Ferreira*.

— Inácio Ferreira, aquele médico psiquiatra? – interrogou, fazendo sinal aos demais para que se aproximassem.

— Sinceramente, eu não sei se existe outro! Com o que sei, diante do que nada sei, tenho vergonha de dizer que sou psiquiatra.

— Então é você o escritor?...

— Garatujo alguma coisa, nada mais do que isto. Quem sou eu para me considerar escritor? Sou apenas um arremedo...

— Ah!, então é você mesmo? Que surpresa! – exclamou, sorrindo com os seus dentes lodosos à mostra.

Desvencilhando-se do capuz que lhe cobria a cabeça, revelou a calva e as orelhas de abano.

— Você é que tem mexido conosco, não é? – inquiriu em tom ameaçador.

— Eu os estou conhecendo agora. Aliás, sequer também sei o seu nome.

— Antero! – respondeu altivo, dando a impressão de que me agrediria, caso não estivesse eu acompanhado de dois guarda-costas.

— Podemos conversar amistosamente? – reagi, fitando-lhe os olhos.

— Por que não?

— Qual é o objetivo de vocês? – comecei a entrevistá-lo.

— Não temos objetivo. O problema é que vocês agem perigosamente...

— Vocês quem?

— Os espíritas que se rotulam de cristãos... Querem mudar o mundo, quando sequer conseguem empreender em si mesmos a menor mudança.

Os outros três gargalharam.

— Vocês não são cristãos? – perguntei.

— Ora, não nos ofenda, não faça pouco de nossa inteligência. Jesus Cristo não existiu. A suposta biografia dele é invencionice...

— Temos os Evangelhos...

— Que foram escritos aos pedaços, por diferentes autores. Igual ao que ocorreu com a Bíblia.

— Mas vocês são adeptos da Reencarnação, não?

— Sim, mas não somos bobos! Essa história de evolução espiritual que vocês vivem pregando é tolice. Estamos vivos – é o que nos basta. Parem com essa vocação para carneiros! Vocês estão insistindo em criar um sistema...

— Em criar um sistema?

— Sim, uma nova teologia! Parem com isso... A Vida é para ser usufruída, e mais nada! Do que têm medo? A morte não existe. Podemos gozar à vontade. Agora, vocês vivem incutindo na cabeça do povo a tal Lei de Ação e Reação...

— Foram os Espíritos Superiores que revelaram a Doutrina...

— O que a eles convinha... Acreditam no que disseram? Como vocês são tolos! Eles querem é colocá-los para sofrer... A Vida não é sofrimento! – verberou com indignação.

— Concordo: a Vida não é sofrimento – a Vida é uma bênção!

— Não me ironize – bradou, apontando-me o indicador. — Não faça comigo o que tem costume de fazer com os outros...

— Longe de mim, qualquer intenção nesse sentido – respondi com sinceridade.

— Você sabe o que a sua ironia lhe tem custado...

— Sei.

— A sua cabeça está a prêmio...

— De fato, ela não vale um centavo!

— E estes dois seguranças que nada dizem?

— São os nossos amigos, Odilon Fernandes e Ferdinando.

— Odilon, o estudioso da Mediunidade? Ah!, então este é outro... Ele é mais inteligente que você, mais cauteloso e, portanto, perigosíssimo. Vive ensinando às pessoas a como fugirem à sintonia conosco, não é?

— Não, meu irmão – tentou esboçar Odilon a resposta, sendo interceptado por Antero.

— *Irmão,* coisíssima nenhuma! Somos adversários, estamos em campos opostos do pensamento...

Fez um intervalo e vociferou, ensandecido:

— Deixem-nos! Não se preocupem conosco! Não nos coajam... Vocês estão atentando contra a nossa liberdade de expressão. Vocês estão armando as pessoas contra nós...

Eu estava verdadeiramente bestificado com os argumentos de Antero.

— Meu Deus, que sofismas perigosos! – imaginei. — Como é sutil a artimanha das Trevas...

Qual se tivesse lido o meu pensamento, a entidade, de súbito, se voltou para mim, com o indicador em riste a centímetros de minhas narinas:

— *Trevas?!* – gritou quase a espumar pela boca. — Como é que vocês nos classificam assim?... E, depois, são os bons, não é?

— Vocês – tentei amenizar – não acreditam mesmo na evolução espiritual, através das vidas sucessivas?

— Não e não! Somos adeptos do existir! A Vida é respiração e não transpiração! Aos poucos, derrubaremos esse tal de Kardec... Por enquanto, o nosso objetivo é afastar o mito de Jesus, no qual o Espiritismo se apoia para chegar às massas. Estamos conseguindo. Chegaremos lá...

— Por que não vêm estudar conosco? – perguntei, compadecido. — O conhecimento da Verdade liberta... A gente ignora muita coisa, concordam? Dizem que estamos equivocados, mas o equívoco pode estar com vocês... Somos todos igualmente imperfeitos!

— Se já nos sentimos livres, para que estudar? O estudo é uma prisão ao pensamento alheio. Não deixaremos que ninguém pense por nós! Vocês é que estão habituados a pensar pela cabeça dos outros...

Antero, definitivamente, não era qualquer. Tratava-se de um dos mais astutos espíritos com os quais dialogara.

Tentando rastrear-me, psiquicamente, em meu silêncio, ele aduziu com asco:

— Estão muito enganados... Temos também os nossos *instrumentos*, e eles estão entre vocês. Por enquanto, dão a impressão de que estão fazendo o jogo que lhes interessa... Esse papo de “quem é por mim não é contra mim” não é bem assim.

Olhei para Odilon e Ferdinando, enquanto a entidade prosseguia:

— Estamos infiltrados... E você – ameaçou-me –, ainda haveremos de pegá-lo de jeito. O seu *cavalo* não vai aguentar as esporadas...

Novamente, os demais gargalharam.

— A cabeça de muitos de vocês, para nós, é como se fosse um pandeiro nas mãos de um sambista: a gente *toca* do jeito que quer, como e quando quer...

— Confiamos em Deus, meu irmão!

— Apelando, hem?!

Constatando que seria inútil continuar dialogando com Antero e seus seguidores, instado por Odilon e Ferdinando me despedi:

— Talvez ainda nos vejamos, mas agora precisamos ir.

— E eu sei perfeitamente para onde irão... Será mais uma decepção. Trouxas! O Movimento de vocês está todo minado. Cascalho não é ouro e nem nunca há de ser. Os espíritas ostentam virtudes que não possuem!

# Capítulo 22

Dali saindo, seriamente preocupados com a situação tendente a se agravar, devido ao acendrado personalismo do espírito relutante em aceitar a própria necessidade de renovação, dirigimo-nos para determinada cidade, geograficamente localizada noutro extremo, a fim de continuarmos auscultando *in loco* a silenciosa trama contra as obras mediúnicas de Chico Xavier, na qual o Mundo Espiritual inferior está interessado.

Enquanto vencíamos a distância que nos separava do objetivo, Odilon, Ferdinando e eu íamos permutando impressões.

— Ainda não consegui assimilar a ideia de que os agentes intelectuais de quanto se pretende concretizar, que é justamente desconsiderar o valor do trabalho mediúnico de Chico, sejam os próprios espíritas – disse.

— Contudo – ponderou Ferdinando – tal empreendimento não poderia partir de fora do Movimento, o que, convenhamos, ocasionaria uma reação contrária imediata.

— Kardec, inclusive, em discurso pronunciado em uma de suas célebres viagens de propaganda doutrinária, efetuou alerta a respeito, afirmando que **os adversários mais ferrenhos da Doutrina seriam encontrados entre os seus adeptos...**

— Eu sei, Odilon, mas, de fato, é difícil crer que os inimigos do Espiritismo estejam, por exemplo, ocupando as suas tribunas...

— Articulando com sutileza, não é, Doutor? – aduziu o outro confrade.

— Sendo até admirados, Ferdinando, e aplaudidos por suas propostas inovadoras!

— Propondo a atualização de Kardec e completa reforma no funcionamento da casa espírita.

— Não o lograrão, porém – considerou o Instrutor com o otimismo de sempre. — Poderão criar certos embaraços, mas, por outro lado, haverão de fortalecer a disposição de servir dos que abraçam a Causa com real desinteresse.

— Desinteresse! – exclamei. — Eis o que nos possibilita conhecer a intenção profunda de quem atua em nome da Doutrina, seja ele médium, orador, jornalista, escritor, dirigente...

— Ou mero frequentador deste ou daquele grupo! – emendou Ferdinando.

— Não levanta suspeitas o espírita trabalhando pela conturbação das coisas e ninguém admite que ele possa estar a serviço de propósitos menos dignos! Seria o mesmo absurdo de alguém atear fogo na casa em que mora...

Assim conversávamos, quando avistamos o prédio que abrigava o grupo que, naquele momento, deveria estar reunido decidindo sobre atividades no setor da unificação doutrinária.

Não tivemos qualquer dificuldade de acesso ao interior do acanhado edifício, onde funciona uma das Federações Estaduais que representam o Movimento Espírita Brasileiro.

— Sinceramente – disse –, sempre fui avesso a esse tipo de reunião de cúpula... Para mim, não tem nada a ver com a espontaneidade que deve imperar em nossos arraiais.

— Eu também penso assim, Doutor – concordou Ferdinando.

— Observemos, no entanto – convidou-nos Odilon.

Creio que (não me dei o trabalho de contá-las) pouco mais de vinte pessoas ali se congregavam, ouvindo falar uma delas que ocupava a tribuna.

— O nosso Movimento – dizia quase às moscas! –, composto pelas instituições federadas, carece de se fortalecer, e, objetivando-o, apelamos para o trabalho de cada um de vocês. A casa que se diz espírita necessita filiar-se aos nossos quadros, pois, caso contrário, estará promovendo movimento paralelo... Se não se ligar à Federação, não pode ser considerada genuinamente espírita!

Neste ponto, confesso, torci o nariz, engoli em seco e apelei para todos os santos a fim de que não me faltasse paciência.

Enquanto o irmão de Ideal prosseguia com o seu discurso cansativo, reparei que, infelizmente, a casa estava quase totalmente vazia... de espíritos! Eram eles, os encarnados, eu, Odilon, Ferdinando e mais uns dois ou três desacoroçoados companheiros fora do corpo, certamente, como nós, penando por ali!

E, monótono, o dirigente continuava em sua exposição:

— Outra coisa: o Movimento está sendo invadido por enxurrada de livros...

E, brandindo um exemplar de "O Livro dos Espíritos" nas mãos trêmulas, fez quanto pôde com a voz quase sumida na garganta:

— Obras diabólicas estão circulando por aí! – frisou, comigo esperando que ele me citasse o nome.

— Tomem cuidado! Não as comprem e nem as vendam, que são das Trevas! Espiritismo puro é só Kardec! Até certas obras de Chico Xavier precisam ser lidas com cautela...

— Opa! Estou bem acompanhado – pensei com certo alívio.

A essa altura, dos vinte e poucos presentes, uns cinco ou seis deveriam estar cochilando: a metade por desinteresse e a outra metade por já estar com o *passaporte carimbado* para este Outro Lado. Dos remanescentes, dois ou três bocejavam, porque haviam se empanturrado bastante à hora do almoço.

— Acordem, meus irmãos, acordem! – exortava inutilmente. — Diz a Parábola que foi quando os homens dormiram que o inimigo veio e semeou o joio na plantação de trigo... Acordem!

Aproximando-me, curioso, do que me parecia mais atento àquela cantilena vespertina – um dos mais jovens ali, com mais de 60 de idade! –, notei que ele escrevera o nome de Chico no papel e, em seguida, o cruzara com um xis.

Fazendo sinal com a mão para Odilon e Ferdinando, chamei-os a fim de que, por si mesmos, constatassem o fato.

— Estão vendo?! – perguntei. — Notem o que é o inconsciente agindo...

— Não podemos concordar com a idolatria – argumentava o orador –; o fanatismo não se justifica – a nossa fé, a fé espírita, é raciocinada, e precisamos aplicá-la em nós mesmos... Certo, ninguém nega a idoneidade moral de determinados companheiros que se destacam no campo da mediunidade, mas incensá-los, não; e, depois, os tempos são outros... Chico Xavier, por exemplo, já se encontra no Outro Lado da Vida! Em nossa *grande reunião* periódica, tenho comentado a respeito com outros dirigentes...

— Estão percebendo a manobra? – tornei a indagar.

— Sim – respondeu Ferdinando contrafeito. — Esta referência à *grande reunião*...

— É quase um concílio espírita! – defini.

— Não podemos negar a importância do trabalho de alguns órgãos unificadores – ponderou Odilon, lamentando o episódio que presenciávamos. — Em todos os setores de atividade humana, nos depararemos com opiniões radicais...

— Desculpe-me, meu caro, mas, na Doutrina, isto é inconcebível. Quem sou eu para discordar de você, porém temos aprendido exatamente o contrário do que estamos ouvindo o tribuno insinuar...

— Infelizmente - prosseguia o dirigente cauteloso com as palavras –, gozamos de excessiva liberdade no Espiritismo e não estamos preparados para tanto. Em defesa, pois, da pureza doutrinária, eu os concito a cercear, quanto possível, a circulação de certos livros...

A intenção, agora, ficara mais do que evidente, ou seja: estabelecer uma espécie de *index librorum prohibitorum* não-oficial contra as obras espíritas!

— O ideal seria que tais livros sequer fossem editados - continuava. — Essa gente fica aí, usando o nome de Chico Xavier... Ora, eu mesmo nunca bajulei ninguém! Nunca fui a Pedro Leopoldo ou a Uberaba. Não privei com o médium, e, cá entre nós, médium é médium...

Neste ínterim, o que riscara o nome de Chico sobre o papel ergueu a mão, solicitando permissão para falar e acordando os que cochilavam.

— Tenho colocado o meu jornal a serviço destas idéias...

— O "meu" jornal! - repeti com desaprovação. — O Espiritismo agora tem dono: o "meu" jornal, o "meu" centro, a "minha" reunião... Traduzindo: o "meu" umbigo!

— Apoiado! - aparteou um dos que acabavam de acordar, sem sequer saber do que se cogitava.

Uma senhora muito bem arrumada, referindo-se a determinado confrade, interveio:

— Tenho conversado com *Fulano* a respeito... Ele acha isto tudo um absurdo. Sabem o que ele me disse? Que é mesmo ação calculada das Trevas opondo-se à tarefa que ele vem cumprindo. Coitado! Fiquei com pena...

— Ora, *morto o rei, viva o rei*! – disse com veemência o "dono" do jornal. — Desde que o mundo é mundo, é assim...

— Eu tenho comigo – voltou a falar a senhora com uma espécie de palitos espetados no cabelo em coque – que Chico Xavier errou... Isto a gente não pode andar comentando por aí, mas...

— Eu também acho – concordou o "proprietário" do periódico espírita.

— Idem – interveio um dos presentes, ajeitando o corpo prestes a cair da cadeira.

— Ainda bem que nos afinamos – tornou o orador da tribuna. — União é isto, o resto é opinião isolada, movimento paralelo, um atentado contra a pureza doutrinária. Tenho informações de fonte segura que esses médiuns estão fascinados – completamente fascinados! É só observar a vida pessoal de cada um deles.

— E a de vocês também, "sepulcros caiados"! – não percebi quando disse, tomado de indignação.

# Capítulo 23

Felizmente, com uma prece, pedindo ao Mais Alto tolerância e compreensão de uns para com os outros – prece que, confesso, não conseguira acompanhar –, a reunião se dissolveu.

Odilon e Ferdinando chamaram-me, então, para observar alguns quadros expostos ao longo do corredor que conduzia à sala na qual estivéramos.

— Vejam que perfeição – exclamou Ferdinando, respeitoso – esta tela retratando o Dr. Bezerra, nosso venerável Benfeitor...

— "O médico dos pobres"! – ressalvei.

— E esta outra de Eurípedes Barsanulfo, de Sacramento!

— Viveu servindo à pobreza... Tive oportunidade de biografá-lo – comentei de relance.

— Este é Bittencourt Sampaio – apontou Odilon.

— Homem culto e médium receitista; não se descurava dos menos favorecidos... Um exemplo quase esquecido!

Identificando mais alguns dos que haviam sido eminentes vultos de nossa Doutrina, ponderei:

— O nosso Movimento é meio machista, não? As mulheres foram excluídas desta galeria...

— De fato – disse Ferdinando, passando a recordar algumas delas –: Zilda Gama, Yvonne Pereira, Adelaide Câmara, Anália Franco, Anna Prado, Maria Modesto Cravo...

— Já que estamos aqui – ponderou Odilon –, antes que voltemos à "Fundação", gostaria de convidá-los para breve visita à periferia. Vocês aceitam?

— Periferia é comigo mesmo – gracejei, esquecendo o aborrecimento de minutos atrás.

— Mas é claro! – igualmente concordou Ferdinando.

— Então vamos – convidou o Instrutor, atravessando as paredes do prédio e concitando-nos a segui-lo.

Em questão de minutos, alcançávamos um bairro dos mais pobres na periferia daquela cidade.

— Odilon – perguntei –, como é que você descobre esses grupos?

— Eu também tenho os meus informantes, meu caro – respondeu sorridente e enigmático.

Era uma tarde de sábado, com o Sol ainda de fora no horário de verão, e a movimentação, dos Dois Lados da Vida, se revelava intensa.

— Grupo Espírita "Auta de Sousa"! – li na parede da humilde construção e comentei:
— Aqui, as mulheres não foram esquecidas...

— Temos, nesta casa, verdadeira oficina de trabalho do Evangelho Redivivo – explicou Odilon, enquanto caminhava na direção de uma senhora que, ao avistá-lo, o saudou com efusão.

— Meu amigo, há quanto tempo! A que devemos a honra?

— Trouxe alguns companheiros comigo, Clarice.

— Sejam todos bem-vindos!

— Ferdinando e Dr. Inácio – apresentou-nos.

— Ferdinando?! O Diretor da Fundação “Emmanuel?! Então hoje estamos em festa... E Dr. Inácio Ferreira?! Que bênção do Senhor!...

Estávamos desconcertados.

— Venham, venham! A nossa reunião vai começar. Mas – avisou-nos – não reparem na criançada. A casa está superlotada: muitas mães com os seus filhos, avós com os seus netos...

— Que maravilha, Clarice! – retrucou Odilon.

— Teremos rápida preleção, depois os passes e a sopa. As crianças estão sendo evangelizadas em pequenas salas ao lado... Aqui é tudo improvisado. Falta dinheiro, mas, graças a Deus, sobram boa vontade e idealismo.

Eu estava realmente encantado com a simplicidade do ambiente, em que cada companheiro, encarnado ou desencarnado, procurava ser útil sem qualquer afetação. Em torno da Instituição, recém-fundada naquela favela, diversos espíritos promoviam um cordão de isolamento, com Clarice me informando que, em maioria, eram eles os próprios familiares dos que ali se encontravam sendo socorridos que cuidavam de sua segurança.

— Os que tencionam simplesmente conturbar o bom andamento das tarefas levadas a efeito nesta casa são barrados pelos que se interessam pelos nossos assistidos – explicou a devotada irmã. — Apenas os que querem aprender têm livre acesso ao interior da casa.

Aproximei-me de um vigia que se postava em determinado setor do terreno, ainda não completamente murado, e perguntei:

— Meu amigo, o senhor trabalha aqui?

— Como voluntário – esclareceu. — Tenho dois netos aí dentro, um menino e uma menina. O pai, alcoólatra, abandonou a família, e a minha filha ficou sozinha. Devo muito a esta gente, que vem matando a fome dos meus netinhos e os ensinando a ter respeito pelo nome de Jesus Cristo!

— O senhor é espírita? – indaguei.

— Aqui, eles não nos perguntam pelas nossas crenças – respondeu, emendando: — Eu sou analfabeto, não sei ler...

— Doutor, venha – convidou-me Clarice. — Vamos participar da prece!

À mesa tosca, um rapaz que aparentava menos de 30 de idade, começou a orar, iluminando o recinto:

— *Senhor, que as tuas bênçãos sejam com todos nós... Rogamos, em especial, pelas crianças, pelas mães e pelos pais que aqui se encontram conosco, nesta tarde. Também pedimos pelos nossos irmãos mais idosos, muitos dos quais estão doentes, necessitados de teu amparo. Suplicamos a tua proteção e a dos teus Mensageiros para encarnados e desencarnados, que somos uma única família, carentes da Infinita Misericórdia de Deus, nosso Pai. Não nos deixes vacilar na fé e nem tampouco, Senhor, desistir de nossos deveres espirituais. Encoraja-nos a prosseguir, superando as próprias deficiências de ordem moral. Confiamos em ti, hoje e sempre!...*

Em seguida, abrindo "O Evangelho Segundo o Espiritismo", pôs-se de pé e leu, com boa dicção:

— Do capítulo VI, de "O Evangelho", intitulado "O Cristo Consolador", temos a lição "O jugo leve":

*"Todos os sofrimentos: misérias, decepções, dores físicas, perda de seres amados, encontram consolação na fé no futuro, na confiança na justiça de Deus, que o Cristo veio ensinar aos homens. Sobre aquele que, ao contrário, nada espera após esta vida ou que simplesmente duvida, as aflições caem com todo o seu peso e nenhuma esperança lhe mitiga o amargor. Foi isto que levou Jesus a dizer: 'Vinde a mim todos vós que estais fatigados, que eu vos aliviarei.'*

*Entretanto, faz depender de uma condição a sua assistência e a felicidade que promete aos aflitos. Esta condição está na lei por ele ensinada. Seu jugo é a observância dessa lei, mas esse jugo é leve e a lei é suave, pois que apenas impõe, como dever, o amor e a caridade".*

Afastando-se de nós por instantes, vi quando Clarice pousou a destra sobre a fronte do jovem companheiro, inspirando-o nos comentários daquela tarde.

Sentindo-se, assim, envolvido, ele iniciou a preleção ao público de mais de duzentas pessoas atentas, que lhe emitiam vibrações de simpatia.

— *Meus irmãos e minhas irmãs* – disse com terna inflexão de voz –, *o Espiritismo é o Consolador da divina promessa de Jesus. Todos os que aqui nos encontramos reunidos, somos espíritos cansados dos erros cometidos em muitas existências. Esta não é a primeira vez que pisamos o solo do Planeta: já aqui estivemos em várias outras oportunidades, envergando corpos diferentes em diversificadas experiências – a maioria delas, infelizmente, equivocadas! Estamos, pois, colhendo exatamente o que semeamos... A Lei de Deus, se é de amor e misericórdia, é também de justiça. A rigor, ninguém sofre sem merecer. Estamos aprendendo, a duras penas, a não mais fazermos sofrer os nossos semelhantes. Experimentamos em nós as consequências das dores que impusemos ao próximo. Feliz, no entanto, aquele que aceita com resignação as provas através das quais se redime.*

*Com Jesus, ninguém sofre sem esperança! Estamos aqui com muita alegria no coração. Não mais o fanatismo religioso de outrora em que apenas nos complicávamos... Não mais a ilusão que fazíamos questão de alimentar em nós mesmos, na inútil tentativa de enganar a consciência... Não mais a falta de perspectiva em relação ao futuro... Sabemos que o espírito é imortal e que, consequentemente, somos os construtores do próprio destino! A nossa felicidade ou infelicidade depende de nossas ações cotidianas. Como é bom saber que não vivemos ao capricho do acaso, que não existe!*

Percorreu, de novo, as páginas de "O Evangelho" e releu, com ênfase, parte do texto escrito por Allan Kardec:

— ***"... esse jugo é leve e a lei é suave, pois que apenas impõe, como dever, o amor e a caridade".***

*Vejamos, queridos irmãos e irmãs, o que a Lei Divina nos solicita: unicamente que cumpramos com o dever de amarmo-nos uns aos outros, conforme Jesus nos amou e amará sempre! Por que será que sentimos tanta dificuldade em sermos bons? Por que achamos difícil viver dentro do que o Evangelho nos preceitua? Não existe segredo, para que o espírito se redima! Vejamos, não há mistério algum! Tudo se resume na vivência do amor! A opção que o espírito faz pelo egoísmo lhe custa muito mais, porque, como filhos de Deus, todos trazemos o germe da bondade no coração. Não sermos bons significa contrariar a nossa própria natureza! Um dia, o pior malfeitor haverá de ser espírito redimido. O caminho do mal é simples perda de tempo... Peçamos a Jesus que nos auxilie a ser o que precisamos! Ainda não estamos em condições de fazer apenas e tão-somente o que queremos... Precisamos nos fortalecer espiritualmente. Para tanto, todos somos convidados à prática incessante do bem. A caridade, se não está ao alcance de todo bolso, está ao alcance de todo coração. A única coisa que a Lei nos pede é que sejamos bons! Será isto pedir algo absurdo de nós outros? Algo que esteja fora de nossas possibilidades naturais?...*

# Capítulo 24

O comentário evangélico que Clarice inspirara, igualmente, calara-nos profundamente: em verdade, a Lei Divina não nos constrange ao que esteja fora de nossa capacidade... O Amor, e tão-somente o Amor, equacionaria todos os problemas existenciais da criatura, desde, é claro, que ela se mostrasse disposta a vivenciá-lo para além de todo e qualquer dogma religioso. Não foi por outro motivo que o Apóstolo Paulo, em sua carta aos

Coríntios, o destacou na condição de virtude mais excelente dentre todas. De novo, me recordei de Chico Xavier, quando, certa vez, nos disse que o maior problema do homem sobre a face da Terra era a questão do relacionamento – e semelhante questão está basicamente ligada à ausência de amor uns aos outros!

Sob a forte impressão que aquela singela exposição doutrinária nos suscitara, passamos a observar as demais atividades do Grupo que se erguera em meio à necessidade de tanta gente.

— Esta casa – disse eu, comovido – mais me parece uma colmeia de amor!

— Agora, Doutor – esclareceu Clarice –, terá início o trabalho de passes... Venham conosco!

Em um cômodo singelo, oito médiuns, sendo seis mulheres e dois homens, se postavam em atitude de recolhimento.

— Este é o nosso irmão Ifigênio – apresentou-nos Clarice o companheiro que, de nosso Plano, supervisionava aquela atividade de socorro.

— Muita alegria! – cumprimentou-nos, simpático.

Odilon, interessado, perguntou:

— Quantos de vocês atuam na retaguarda espiritual do serviço de passes nesta casa?

— De quinze a dez, dos quais três são médicos.

— O Ifigênio mesmo – aparteou Clarice – é pediatra; tem um carinho especial pelas crianças...

— A desnutrição nas imediações ainda é grave problema – explicou o facultativo. — Precisamos estar atentos... Além da desnutrição, temos o perigo de enfermidades várias, devido à falta de cuidado com as vacinas.

— Pelo menos – interveio a irmã que nos recepcionava –, a desnutrição é problema que vem sendo atenuado com a sopa, que é servida aqui duas vezes na semana, e a distribuição, embora limitada, de gêneros alimentícios. O Grupo não dispõe de maiores recursos financeiros.

Enquanto conversávamos, um dos integrantes da equipe espiritual veio até Ifigênio.

— Doutor – disse –, o pequeno Olavo revela os pulmões carregados, com infecção inicial instalada na base: é pneumonia!

— Desnutrido e com pneumonia – lamentou Ifigênio, dirigindo-se para a saleta improvisada onde o trabalho de passes estava em andamento.

— A mãe é fumante inveterada...

— Eu entendo bem disto – respondi, pigarreando.

Auscultando o garoto de não mais de três anos, gemendo no colo da mãe, o médico considerou:

— Se não interviermos, haverá perigo de óbito... Infelizmente, Maria de Jesus sequer tem ânimo para procurar o serviço público de saúde mais próximo.

— Doutor – explicou o auxiliar –, o Posto de Saúde também está sem médico... A greve já dura mais de vinte dias.

— Isto pode comprometer a reencarnação do menino! – exclamou, meneando a cabeça. — Ele está febril e, talvez, amanhã seja tarde...

Vimos, então, o Benfeitor se aproximar da médium, que, após a transmissão do passe, tentava fazer Olavinho ingerir determinada porção de água magnetizada. Com rápido movimento, acrescentou um pó azulado no conteúdo do copo, ajeitando, em seguida, a cabeça da criança e facilitando a deglutição do líquido.

— É antibiótico concentrado – esclareceu feliz, ao ver que Olavinho havia sorvido toda a água que, aos goles, a médium lhe oferecia.

— É a terceira vez que livramos o menino do risco de pneumonia com mais sérias consequências – observou Clarice.

Mal assim nos falara, quando uma companheira veio até Ifigênio.

— Doutor – informou –, a Melissa teve hoje dois pequenos desmaios... Ontem, ela caiu e bateu a cabeça. Houve a formação de um coágulo... A avó, uma senhora de mais de setenta anos, não tem expediente, e também quase não consegue andar.

— E os pais da menina? – indagou, preocupado.

— O pai, um jovem drogado com dezessete de idade, aparece vez por outra; a mãe está novamente grávida...

— Soninha, novamente grávida?

— De outro namorado... Está trabalhando do outro lado da cidade e só vem a casa no final de semana.

— Precisamos operar Melissa – concluiu com praticidade. — Ela já está próxima da saleta de passes?

— Sim.

— Então, vamos – disse, preparando-se.

Trazendo a menina nos braços, a pobre senhora suplicou ao médium que a encaminhava para uma cadeira:

— Eu não sei o que ela tem... Estou com medo de ela morrer! Por caridade, por caridade!...

— Sente-se, minha irmã – pediu o médium alisando os cabelos da garota, sem suspeitar que, na verdade, as suas eram as mãos de Ifigênio já começando a agir com precisão.

À ação dos fluidos magnéticos do medianeiro encarnado e dos fluidos elétricos a se desprenderem, à semelhança do *laser*, da palma das mãos e da ponta dos dedos do Benfeitor, o coágulo em expansão foi se desfazendo como por encanto.

— Daqui a dois dias, a senhora volte para novo tratamento – orientou o médium sob inspiração de Ifigênio. — Ela há de ficar boa...

Virando-me para Odilon e Ferdinando, comentei:

— E depois tem gente que não valoriza a transmissão pura e simples do passe... Chega ao centro, perguntando por trabalho de cura! Meu Deus, o que simples copo d'água magnetizada pode fazer! Sem aparato algum, no mais completo anonimato, estes médiuns realizam prodígios!

— E sem estarem sequer *incorporados*, Doutor – emendou Ferdinando.

— Doutor – falou Clarice –, aqui, nas imediações, três assistidos nossos estão sendo mantidos de moratória unicamente através da ação do passe.

— Que maravilha, não, Odilon?

— É verdade, Doutor. Se o pessoal soubesse do que o passe transmitido, mas, principalmente, recebido com fé é capaz... Em nome de Jesus, humilde copo d'água é remédio que todos os laboratórios do mundo não conseguem sintetizar!

— Louvado seja Deus! – exclamou Clarice, que, em seguida, nos chamou para a cozinha daquela instituição. — Venham ver a nossa sopa!

— Ah!, esta é a parte que prefiro – gracejei.

Num pequeno puxado, coberto com telhas de amianto, três latões de sopa fumegavam...

— Que tentação! – tornei a brincar, chegando perto e aspirando aquele cheirinho bom. — Com uma pimentinha malagueta!

— Não podemos, Doutor, por causa das crianças e das pessoas idosas, não podemos...

— Quando fazíamos sopa – lembrei –, lá no Sanatório, tinha interno que tomava cinco, seis pratos...

— Lá no "Cinza" também, Doutor! – comentou Odilon.

— Muita gente critica a distribuição de sopa, de pão, de cesta-básica, mas ignora que, segundo as estatísticas oficiais, mais de novecentos milhões de pessoas passam fome hoje no mundo!

— Tudo isto, Doutor? – perguntou Clarice.

— Quase um bilhão de pessoas, minha irmã, passa fome no mundo!

— Estamos falando da fome de pão, pois se falarmos da fome de luz...

— Somos todos famintos!

— A carência é geral!

— Sinceramente, eu não entendo...

— Nem eu, Ferdinando – aparteei o Diretor da "Fundação". — Nem eu entendo o discurso dessa gente que vive falando em inclusão social, em cidadania... É claro que é melhor ensinar a pescar do que dar o peixe. Ninguém está discutindo isto. O problema é que os *rios* estão secando, ou seja: não há oferta de emprego no mercado! Diagnosticar a doença, sem tratá-la de maneira conveniente, não adianta nada. Todo o mundo sabe que a base é a educação. Mas os governos, infelizmente quase todos corruptos...

— Doutor!...

— Odilon, desculpe-me. Tenho por você o maior respeito, mas eu não sou Espírito Benfeitor. Os governos são, sim, quase todos corruptos! Se medidas sérias não forem adotadas, a corrupção vai arrasar a Humanidade! Na condição de desencarnado, eu não vou escrever para o mundo contemporizando. Se alguém precisa soprar, alguém precisa bater...

— Tudo bem – respondeu o Instrutor, uma vez mais se conformando com o meu jeito de ser.

— Como costumam dizer, sou *bocudo* assumido! A corrupção é uma praga social pior do que a droga! E os corruptos, neste Outro Lado, hão de pagar caro, sim – muito caro! Um amigo meu dizia que todo homem é mais ou menos desonesto... Que absurdo! A frase deveria ser: todo homem é mais ou menos honesto! Não! A desonestidade passou a ser um comportamento social... aceitável!

# *Capítulo 25*

— Vamos servir a sopa! – avisou uma senhora de baixa estatura, com um pano amarrado à cabeça. — Lavem as mãos e venham em ordem.

Em um tanque a céu aberto, a criançada, parecendo um bando de pássaros felizes, passou a lavar as mãos, sendo, para tanto, auxiliada pelos próprios adultos que também participariam daquele *banquete espiritual.*

Enquanto a sopa de fubá com legumes cozinhava, duas entidades, sob a orientação de Clarice, misturaram a ela o conteúdo de pequeno vasilhame.

— É a nossa contribuição - explicou. — Trata-se de uma substância que potencializa o teor vitamínico dos legumes... Como explicou o Dr. Ifigênio, a desnutrição é o problema mais grave que afeta as crianças do bairro. Elas estão em fase de crescimento, e uma boa alimentação é de fundamental importância para a constituição do cérebro.

Em minutos, a turma estava toda sentada ao redor de três mesas rústicas de madeira, ladeadas por bancos singelos.

— *Senhor* - orou uma das assistidas –, *abençoa a nossa sopa... Que ela nos seja alimento para o corpo e para a alma. Que este alimento jamais nos falte, a nós e a todos os que lutam com dificuldade na obtenção do pão de cada dia. Abençoa, ainda, os tios e as tias que, em Teu nome, nos auxiliam aqui, nesta casa de luz!*

Os pratos e as colheres foram distribuídos, junto com pedaços de pão, e, em seguida, a sopa, que alguns jovens voluntários despejavam, felizes, valendo-se do concurso de baldes apropriados e grandes conchas.

— Se isto não for Espiritismo – comentei –, eu não sei o que é! Que Deus continue a abençoar este grupo, para que não apareça alguém com ideias contrárias ao espírito de fraternidade que nele impera.

— Estamos vigilantes, Doutor – retrucou Clarice. — O pessoal do Movimento de Unificação já apareceu por aqui, sugerindo a implantação de cursos de mediunidade...

Prefiro, neste trecho, não lhes dizer qual foi a minha reação. Vocês me perdoem!

— Cursos de mediunidade! – exclamei mais adiante. — Odilon, você, por favor, me socorra...

— Contenha-se, Doutor – solicitou o amigo. — Como dizíamos na Terra, olhe o enfarto!

— Mais mediunidade do que percebemos aqui, impossível... Compreendam os nossos irmãos: eu não sou contrário ao estudo, mas, convenhamos... Se toda casa espírita procurasse fazer, junto aos necessitados, metade do que este grupo faz!...

— Durante a semana, Doutor – elucidou Clarice –, temos dois grupos de senhoras que costuram, consertando as roupas que nos são doadas e confeccionando enxovais para recém-nascidos, bem como paletós de flanela, que são distribuídos no período de inverno. Infelizmente, só dispomos, no momento, de duas velhas máquinas de costura, pois, caso contrário, o serviço poderia render mais...

— Odilon e Ferdinando – disse –, vejam a simplicidade desta construção: um salão de reuniões, sendo que o chão nem cimentado é –

apenas foi feita a base de concreto! –, uma saleta onde os passes são transmitidos, a cozinha acanhada, a sopa servida quase no tempo, crianças sendo evangelizadas em duas outras salas estreitas, algumas se acomodando ao chão...

— Sabe, Doutor, a gente tem muito medo de dinheiro aqui – explicou Clarice.

— Com toda a razão, minha irmã; com toda a razão!

— Um pouquinho ajudaria, mas...

— Tem centro espírita hoje com dinheiro aplicado no banco! É lamentável... A tentação começa com a ideia de pequena poupança e... a coisa desanda! Conheci, em Uberaba, um grupo que se esfacelou porque o centro começou a emprestar dinheiro a juros para os próprios diretores e familiares.

— Mesmo, Doutor? – perguntou Clarice.

— Não estou acrescentando à verdade dos fatos uma vírgula... Há uns quarenta anos atrás, o grupo era como este aqui: extremamente promissor para a Doutrina! De repente, é uma verba daqui, outra dali... Como Chico Xavier dizia, centro espírita não pode ter dinheiro em caixa!

— O que houve com o grupo?

— Os diretores se inimizaram e os frequentadores se afastaram: a casa, antes muito bem frequentada, ficou às moscas... Tudo ficou prejudicado, inclusive o trabalho assistencial, do qual muitas famílias dependiam.

— Os espíritos obsessores...

— Com a anuência da turma encarnada, Clarice – essas coisas sempre acontecem, tendo a anuência da turma encarnada! Não vamos culpar só os obsessores, não! É a turma no corpo que vacila – não discuto a intenção, que até pode ser louvável, mas vacila!

— O senhor não é contra alguma melhoria?

— Minha irmã, diante dos riscos de alguma melhoria, se for para estragar tudo, deixe do jeito que está! Em centro espírita, onde a gente pode cimentar não deve colocar granito...

— O pessoal do curso de mediunidade ficou de voltar, a fim de explicar a sua sistemática...

— Se voltar – tomara que não! –, deverá ser convidado para o curso de Evangelho!

Notando que Odilon se fizera mais introspectivo, perguntei:

— Em que está pensando, meu caro?

Com a classe que lhe é peculiar, o Instrutor respondeu:

— Observando, Doutor, as diversas tarefas desta casa, em que cada qual procura cumprir com a parte que lhe compete, inclusive os nossos irmãos da retaguarda espiritual, eu pensava no que o Apóstolo Paulo escreveu, no capítulo 12, de sua 1ª Epístola aos Coríntios:

*"... os dons são diversos, mas o Espírito é o mesmo. E também há diversidade*

*nos serviços, mas o Senhor é o mesmo. E há diversidade nas realizações, mas o mesmo Deus é quem opera tudo em todos. A manifestação do Espírito é concedida a cada um, visando a um fim proveitoso. Porque a um é dada, mediante o Espírito, a palavra da sabedoria; e a outro, segundo o mesmo Espírito, a palavra do conhecimento; a outro, no mesmo Espírito, fé; e a outro, no mesmo Espírito, dons de curar; a outro, operações de milagres; a outro, profecia; a outro, discernimento de espíritos; a um, variedade de línguas; e a outro, capacidade para interpretá-las. Mas um só e o mesmo Espírito realiza todas estas coisas, distribuindo-as, como lhe apraz, a cada um, individualmente."*

— Muito bem lembrado – concordei –, pois é o que, de fato, constatamos na azáfama espiritual a que os nossos irmãos se entregam. Temos aqui uma demonstração do que a mediunidade possui de mais proveitoso! O Espírito do Senhor está a induzir ao *transe do bem* quase todos os integrantes do grupo.

— Chico falava – comentou Ferdinando –, que o médium devia começar pela Caridade, continuar pela Caridade e manter-se pela Caridade, se é que pretendia ser útil à Causa e fazer a coisa certa.

— Com todo o respeito a quem possa discordar, o curso prático de mediunidade mais produtivo que conheço é este: trabalho incansável no bem dos semelhantes! Infelizmente, muitos espíritas vêm se esquecendo disto, não é, Odilon?

— O senhor tem razão. Ser médium de espíritos é importante, mas ser médium do Espírito do Senhor, na execução de sua Divina Vontade entre os homens, é muito mais!

— Aliás, segundo creio – ponderou Ferdinando –, este é o objetivo do chamado *desenvolvimento mediúnico*: alcançar a condição de fiel intérprete de Jesus, o Senhor e Mestre!

— Podemos fazer distinção entre a mediunidade humana e a divina, não? – inquiri ao Instrutor.

— Correto. Podemos conceituar como *mediunidade humana* a intermediação entre espíritos comuns e como *mediunidade divina* aquela que transcende o simples contato entre encarnados e desencarnados...

— O médium que se rotula ou é rotulado ainda estaria no exercício da *mediunidade humana*?

— Como assim?

— Por exemplo: médium *disto* ou *daquilo*... Médium de psicografia ou de psicofonia...

— Ah!, o senhor se refere à especificidade da condição mediúnica?

— Exatamente.

— A *mediunidade divina*, em contraposição à *humana*, é inespecífica. O Cristo, portador, digamos, de todos os talentos mediúnicos concebíveis e imagináveis, não possuía, especificamente, esta ou aquela faculdade...

— Porque o Cristo as possui todas em seu máximo grau de desenvolvimento! – concluiu Ferdinando.

— É para lá que vamos caminhar...

— Haja, porém, chão, hem, Odilon?

— Passo a passo, chegaremos, Doutor. Então – continuou –, neste grupo, vemos o exercício da mediunidade em seu *estado natural*. Evidentemente que, em todos nós, muito ainda carece ser aprimorado em termos de sentimento.

— O rótulo, em mediunidade?...

— Como o senhor mesmo costuma dizer, qualquer rótulo é limitação.

— Seria justo, então, Odilon, aspirar ao desenvolvimento da *mediunidade sublime* ou, para tanto, precisamos, primeiro, cogitar da *mediunidade humana*?

— Cogitemos de amar, e o amor fará o que é preciso. O exercício da mediunidade é exercício de amor aos semelhantes!

— Verdadeiramente, é o exercício de todas as faculdades do espírito no que a Caridade possui de mais abrangente! – exclamei.

# Capítulo 26

Estando de saída, ainda pudemos registrar o diálogo do dirigente do Grupo Espírita "Auta de Sousa", com dois de seus mais constantes colaboradores nas atividades da casa.

— Graças a Deus, tudo correu bem! Devemos ser infinitamente gratos ao apoio de nossos Amigos Espirituais...

— Sem dúvida – endossou uma jovem Evangelizadora, acrescentando: — Ainda bem que neste recanto abençoado encontrei oportunidade de servir. Estou me sentindo realizada... No antigo centro que frequentava, infelizmente, não me davam espaço. Chegaram a dizer que eu precisava fazer um curso preparatório de, no mínimo, um ano...

— O desafio – falou um senhor de meia-idade, enquanto enxugava os pratos na cozinha – será mantermos as tarefas dentro da simplicidade necessária. Vamos precisar de muita vigilância e cautela.

— Segundo tenho lido, é o que Chico Xavier ensinava. Lamento não ter tido oportunidade de conhecê-lo – disse o rapaz que abraçara a responsabilidade de dirigir a instituição.

— Eu estive com ele uma única vez, em Uberaba – contou o senhor que se esmerava com um pano nas mãos. — Vocês precisavam ter conhecido o "Grupo Espírita da Prece"... Que simplicidade! O prédio onde ele psicografava era ainda um pouco menor que o nosso, com uma varanda que abrigava as pessoas que não cabiam lá dentro, ficando a vê-lo trabalhar através da janela.

— Era tão pequeno assim? – a Evangelizadora indagou.

— Acomodadas nos bancos, não caberiam mais que cento e cinquenta a duzentas pessoas, se tanto. As demais ficavam espalhadas no pátio, que também não era grande.

— E os sanitários? – tornou a jovem.

— Ao tempo em que lá estive, na década de 70, só havia um, apertadinho, para todo o mundo...

— E a construção, sólida? – interrogou o dirigente.

— Sólida, mas sem laje, o piso de vermelhão, as paredes pintadas com tinta barata... Pelo que pude observar, se resumia no salão onde as reuniões se realizavam, pequena sala de passes, outro cômodo em anexo, no qual se processava o receituário mediúnico e... mais nada!

— Como seria em Pedro Leopoldo? O prédio, talvez, maior?

— Nunca estive lá, mas, conversando com amigos que haviam estado, não era! E por antigas fotos a que tive acesso, mostrando o "Luiz Gonzaga" por dentro e a sua fachada externa, obedecia ao mesmo padrão de tamanho e simplicidade.

— Localizava-se na periferia? – a jovem continuou a questionar.

— O "Luiz Gonzaga", fundado em 1927, está na região central de Pedro Leopoldo, mas, quando de sua fundação, sem demérito algum, o que é hoje progressista cidade não passava de povoado. Por assim dizer, tudo era periferia!

Os dois interlocutores sorriram e o confrade prosseguiu:

— Quando estive em Uberaba, a rua em que o "Grupo Espírita da Prece" foi construído era uma avenida empoeirada, com poucas casas ao redor. À noite, o bairro se mostrava mal iluminado... Enfim, o centro foi praticamente construído no meio de uma favela!

— Então, é como o nosso aqui! – exclamou a Evangelizadora confortada.

— Guardando as devidas proporções – é claro, lá estava o centro de Chico Xavier! –, era tal e qual...

— Como tanta luz pode se irradiar de um ponto aparentemente tão insignificante, não é? – redarguiu o rapaz, embevecido.

— Pois é! Vejam vocês como o exemplo de Chico foi importante para nós! Já imaginaram se ele tivesse sido um médium cheio de exigências? Ele nos mostrou que em qualquer lugar a gente pode construir um centro espírita, sem dar satisfações a ninguém – a não ser, é óbvio, do ponto de vista legal da instituição.

Fazendo silêncio como se estivesse tentando se lembrar de algo que ainda queria contar, o amigo acrescentou:

— Ah!, numa placa dependurada na parede, dentro do centro, na cabeceira da mesa, estava escrito mais ou menos assim:

*"Aqui, com o nome de "Grupo Espírita da Prece", funciona o Culto do Evangelho no*

*Lar do irmão Francisco Cândido Xavier, em casa de sua propriedade"!*

— O que terá motivado tais dizeres? - perguntou o confrade.

— Fiquei sabendo que, à época, o pessoal ligado ao movimento de Unificação, no Triângulo Mineiro, extrapolara em suas atribuições.

— O centro do Chico era filiado?

— Não.

— Sou de opinião - argumentou o senhor - que devemos, sim, estar unidos e nos prestigiarmos reciprocamente. Todas as instituições espíritas nos merecem respeito e consideração. Mas a hierarquia no Movimento precisa ser evitada a qualquer preço!

— E a sua formalidade, não é?

— Sem dúvida. Chico Xavier, que se nos fez líder pelo coração, sempre se opôs ao elitismo. Quando o visitei, também estive lá no "Abacateiro"...

— "Abacateiro"?! - interrogou a jovem.

— A reunião que Chico promovia aos sábados à tarde, na periferia.

— Eu não sabia disto.

— Vocês da nova geração precisam se inteirar das coisas - advertiu fraternalmente. — Chico não se preocupava apenas em psicografar, não! Ele visitava os doentes, participava de velórios, preparava com as próprias mãos lanches para os necessitados...

— Como arranjava tempo para tanto?

— A mediunidade com Jesus sabe como multiplicar o talento do tempo. Nós, os espíritas contemporâneos, e pós-Chico Xavier, não podemos nos esquecer de sua biografia, pois ele também veio nos ensinar a vivenciar a Doutrina. Muita gente acha que ele vivia, com o conforto possível, somente por conta de escrever o que os espíritos lhe ditavam...

— Dizem que a correspondência dele...

— Talvez fosse quem mais recebesse cartas no Brasil! Pedidos de oração, receitas, mensagens...

— Ele respondia a todos?

— Na medida do possível, sim. Em Uberaba, Chico era o melhor cliente dos Correios: semanalmente, remetia sacolas e sacolas de envelopes com cartas, caixetas com mensagens, livros que fazia questão de doar...

— Eu não sei como pode ter gente que ainda o critica – anotou a Evangelizadora.

— São tentativas inúteis de desestabilizar a missão que lhe foi confiada pelo Senhor! Você pode reparar: os que levantam questiúnculas em torno de seu abençoado labor são os falsos intelectuais do meio doutrinário, pessoas que nunca conheceram o seu trabalho de perto, enfim, são os que querem ser *mais realistas do que o rei...*

— Este é dos meus! – sussurrei aos amigos.

— O povo, no entanto, ama Chico Xavier! – pontuou o companheiro, aduzindo com perspicácia: — Ele é amado fora e dentro do Movimento! Não é à toa que o elegeram o "Mineiro do Século" e, ao lado de Ruy Barbosa, o "Brasileiro Mais Importante da História"!

— Tenho notado certo esquecimento em relação às suas obras – considerou o rapaz.

— Há um movimento sutil para que elas sejam postas de lado...

— O senhor acha? – perguntou a professora, surpresa.

— A Federação Espírita Brasileira e outras editoras, num esforço louvável, as estão reeditando e traduzindo para outros idiomas, mas existem, sim, os que, em surdina, trabalham contra.

— Espíritas?...

— Assim eles se dizem.

— Como estão agindo?

— De várias maneiras. Por exemplo: não as colocam em circulação nos clubes de livro, não lhes dão lugar de destaque nas prateleiras das livrarias, não as estudam e, portanto, não as comentam em suas palestras, não as citam em suas crônicas e artigos nos jornais, não as consideram como complemento natural da Codificação, não as indicam para leitura aos principiantes...

— Sinceramente, acho que a maioria não conhece a obra mediúnica de Chico Xavier!

— Vou lhe dizer uma coisa: não conhece nem Kardec!

— Apoiado! – voltei a interferir, já nutrindo imensa simpatia por aquele auxiliar de cozinha.

— O nosso meio está cheio de gente que fala muito, estuda pouco e serve menos ainda! Se procurarmos os críticos nos departamentos assistenciais dos centros espíritas que frequentam, não vamos encontrar um! Eles só aparecem na hora da mediunidade ou da vaidade, quando assomam à tribuna...

— Apoiado duas vezes! – falei, eufórico.

— Então, em centro de periferia, se os encontrarmos, é porque se perderam...

— Três vezes apoiado! – quase gritei como cabo eleitoral.

O nosso tempo, no entanto, ali se esgotara. Precisávamos partir.

— Eu quero voltar aqui, Odilon – solicitei ao amigo.

Despedindo-nos de Clarice, de Ifigênio e outros, tomamos o caminho de regresso à "Fundação".

# Capítulo 27

A excursão que realizáramos fora extremamente proveitosa. Pudéramos mensurar a situação atual do Movimento e nos firmarmos na convicção de que, tanto quanto possível, estávamos no rumo certo, pugnando pela restauração do Evangelho a partir de nossa própria vivência.

Não obstante mostrar-se com várias frentes interpretativas, no natural dinamismo das ideias em sua liberdade de expressão, em sua base, a Doutrina se revelava cada vez mais forte e coesa.

Em suma, o Espiritismo vinha se alicerçando em Jesus, Kardec e Chico Xavier.

— Devemos – observou Ferdinando, antes que dele Odilon e eu nos despedíssemos – procurar entender que, sendo a Doutrina a síntese mais avançada do conhecimento humano, à disposição da criatura encarnada na atualidade terrestre, é de se esperar toda essa movimentação das trevas no intuito de confundir as mentes incautas. A Doutrina não se isentaria do que o próprio Evangelho não se isentou, desde os seus primórdios.

— De fato – concordei.

— Como o senhor costuma dizer, doutor – comentou Odilon –, a estrada estreita, para o espírita, é o da aplicação da Doutrina em si mesmo.

— Gostaria de ouvi-lo a respeito, Doutor – solicitou Ferdinando com delicadeza.

— A Verdade – expliquei –, conforme se sabe, aparece na Terra, de tempos em tempos, com a força de uma revelação. Feliz, então, de quem possui olhos para enxergar a sua luz... Foi assim com o Cristianismo; está sendo assim com o Espiritismo.

— Com os cristãos e com os espíritas!

— Mas não com todos, Ferdinando. Não foram todos os cristãos que se valeram da *porta estreita* do Evangelho para se redimirem. Muitos deles estão aí, até hoje, continuando a lutar...

Alguns, porém, os que souberam testemunhar fidelidade à Mensagem revelada, perseverando sem desvios do caminho traçado pelo Senhor, lograram alcançar os Planos Superiores.

— Muitos, infelizmente, se perderam nas questões de caráter filosófico, discutindo por somenos e deturpando o sentido da Palavra Divina, que procuraram adaptar às suas conveniências.

— Estão emaranhados na *letra que mata* até os dias de hoje, passados dois mil anos desde quando a Boa Nova nos foi anunciada!

— Estão no caminho para a travessia da *porta estreita*...

— Mas não se encorajaram ao passo definitivo, meu caro, permanecendo na esfera do deslumbramento ou da contemplação.

— Periodicamente, grupos de espíritos se redimem – elucidou Odilon –, promovendo-se a Esferas mais elevadas, e, quando voltam à Terra, o fazem com maior aproveitamento para si e para outros.

— O mesmo ocorrerá com os espíritas – ponderei –: os que souberem se valer da essência das lições recebidas haverão de se libertar...

— Sem significar, todavia, que não mais necessitem reencarnar no Planeta?

— Não nos convém generalizar, pois, se tal pode acontecer com um ou outro, a maioria está comprometida com a redenção da Humanidade em geral.

Fiz uma pausa e aduzi:

— O nosso Emmanuel atravessou a *porta estreita* e, contudo, está novamente no corpo...

— Exato – confirmou o Diretor da "Fundação".

— E, por falar em Emmanuel, você sabia que, recentemente, meu caro Odilon, surgiu mais uma teoria a respeito da volta de Allan Kardec?...

— Doutor, a este respeito ainda vai aparecer muita coisa...

— O que estão dizendo agora? – perguntou Ferdinando.

— Que Kardec era Emmanuel, ou vice-versa!

— Meu Deus! Quer dizer que...

— Estão dizendo que Kardec, através de Chico Xavier, assinava com o nome de Emmanuel. A partir daí, alegam que, por este motivo, Chico nunca psicografou Allan Kardec, a não ser com o "pseudônimo" de Emmanuel...

— Que coisa engenhosa! Como é que vai ficar a cabeça do pessoal *lá embaixo*?

— Rodopiando...

— Isto tudo – comentou o Instrutor – é para tirar a obra mediúnica de Chico do foco das atenções. Não tenhamos qualquer dúvida!

— Precisamos, pois, redobrar os nossos esforços para defendê-la – enfatizei.

— Há quem diga que a obra de Chico não carece de defensores...

— Outra artimanha dos adversários, Ferdinando.

E contei:

— Certa vez, recebi uma carta de um médium dizendo que eu, Inácio Ferreira, não precisava do nome de Chico Xavier para me promover... Concitava-me a parar de escrever e falar sobre ele.

— Como o senhor reagiu?

— Da maneira como estou fazendo mesmo depois de *morto*: continuo a falar e a escrever sobre ele! Não se trata de fazer a defesa de Chico, que não precisa de defesa.

— E tampouco de promover-se à custa dele!

— É claro. Cada qual se promove com base em seu próprio trabalho. Se existe algo que não se transfere, é o mérito! Quem nos dera que Chico pudesse repartir conosco o mérito que lhe pertence: estaríamos todos muito bem, inclusive o pessoal que não faz absolutamente nada!

— O que será que o tal médium que escreveu para o senhor queria?

— Que eu passasse a falar sobre ele...

— Não!

— Não pode ser outra coisa: com certeza, queria que eu escrevesse sobre ele, mas, sinceramente, ele nunca me inspirou em nada...

— Conforme diz, doutor – aparteou Odilon–, falar a respeito de Chico Xavier é o jeito mais simples de se falar sobre a Doutrina para quem não é espírita.

— Foi o que sempre pensei e o que sempre coloquei em prática, quando, por exemplo, estava numa roda de céticos. Numa das poucas vezes em que estive na "Sociedade de Medicina e Cirurgia de Uberaba", participando de uma reunião social, das muitas que realizavam periodicamente, na hora do chamado coquetel, os colegas me cercaram...

— Os médicos?

— Sim, muitos deles professores da Faculdade de Medicina. Interessante é que não me perguntaram sobre Psiquiatria e nem pelo Sanatório: eles queriam saber de Chico Xavier, que havia transferido residência para Uberaba havia pouco mais de cinco anos!

— E o senhor?...

— *Nadei de braçadas...*

Ferdinando sorriu.

— Quando saí de lá, era mais de meia-noite, e, assim mesmo, por iniciativa minha que, consultando o relógio, verifiquei a necessidade de ir embora – no outro dia, bem cedo, deveria estar no Sanatório. Mas eles me crivaram de perguntas...

— Todos interessados?

— Sim, mas com medo de qualquer retaliação da parte do Arcebispo da cidade, que controlava tudo com mão-de-ferro...

— Ele tinha poder sobre a classe médica?

— Como não?! A maioria dos hospitais era controlada pela Igreja... Hospital "São Domingos", Hospital "São José", Hospital "São Lucas"... Tudo com nome de santo!

— Só o Sanatório escapava, não é? – interpelou Odilon.

— Primeiro, graças aos Espíritos e, depois, à Maçonaria! – respondi. — O Sanatório, durante muitos anos, foi considerado a ovelha-negra da Medicina em Uberaba. Fiquei sozinho durante muito tempo, porque não era fácil arranjar médico que quisesse trabalhar lá... Os demais hospitais praticamente fechariam as portas para ele – a mando da referida autoridade eclesiástica, que, é claro, era um homem muito piedoso...

— Doutor...

— Eu sei que isto agora é coisa do passado, Odilon. Estou apenas remexendo nos alfarrábios da memória, nas prateleiras que o tempo empoeirou e a traça, aos poucos, vem destruindo.

— Ferdinando, foi uma alegria – estendeu a mão o Instrutor, despedindo-se.

— Quem fala mais sou eu, mas quem manda é ele – gracejei ao, também, me despedir do Diretor da "Fundação". — Precisamos ir e retomar os nossos estudos sobre "Nosso Lar".

— Aparecerei por lá a qualquer hora, Doutor.

— Quando você quiser! Teremos imensa alegria em recebê-lo. No mais, não se preocupe: continuaremos a mobilizar os recursos ao nosso alcance, para que a obra mediúnica de Chico Xavier permaneça com o destaque que lhe é de direito. Tem muita gente boa *lá embaixo* nos ajudando. Nem tudo está contaminado, Ferdinando! Eu tenho muita esperança na geração jovem que está surgindo e... na *aposentadoria compulsória* que, no próximo lustro, há de mandar muita gente para o IPMA!

— IPMA?!...

Antes que Odilon se me antecipasse, rematei:

— *Instituto de Previdência do Mais Além!*

# Capítulo 28

De regresso ao Hospital, depois de verificar que tudo estava na mais perfeita ordem, me preparei para a continuidade de nossos estudos sobre o livro "Nosso Lar", procurando localizar o trecho que enfocaríamos no próximo painel, sob a competente coordenação de Domingas.

Valendo-me dos minutos que antecediam a reunião, abri o volume que tinha sobre a mesa do Consultório e passei a ler, com redobrada atenção, o capítulo 4, intitulado "O Médico Espiritual", no qual André Luiz é informado pelo Dr. Henrique de Luna sobre a sua condição de suicida indireto.

Efetuando anotações nas próprias páginas da obra, detive-me a refletir nas seguintes palavras: *"Não me defrontavam tribunais de tortura, nem me surpreendiam abismos infernais..."*

— Uma simples frase – exclamei – modificando toda a concepção teológica a respeito da vida além da morte.

E, como se estivesse a falar sozinho, prossegui:

— Durante séculos e séculos, o homem acreditando em Céu, Inferno e Purgatório... O testemunho pessoal de André Luiz amplia, consideravelmente, o que Kardec procurou desenvolver nas páginas de "O Céu e o Inferno", o 4º livro do Pentateuco. Em toda bibliografia espiritualista, não há uma obra como "Nosso Lar"! O muro milenar, que as religiões ortodoxas construíram a respeito das penas e recompensas ao espírito, após a morte do corpo, foi inteiramente demolido! A desencarnação nada mais é do que o confronto do espírito com sua própria realidade. Literalmente, a vida continua! Não há mistério algum a ser desvendado, a não ser a necessidade de o homem se conhecer. Se existe algum enigma no Universo, este é o do total desconhecimento da criatura a respeito de sua essência. O único tribunal que devemos temer é o da consciência!

Assim refletia em solilóquio, quando Manoel Roberto veio avisar-me:

— Doutor, dentro de dez minutos a reunião terá início.

Fechei o livro e, sobraçando-o, me dirigi para o recinto em que os amigos já me esperavam em silêncio.

— Olá! – saudei-os, igualmente cumprimentando a plateia.

À resposta em uníssono, revidei:

— Meu Deus, de onde está aparecendo tanta gente? – perguntei a Domingas. — Vocês estão mesmo com vontade de estudar, hem?

— Está difícil segurar a pressão, Doutor – desculpou-se a companheira. — Mas temos apenas mais uns vinte ou trinta...

— Gente sentada no chão!

— Estamos bem acomodados, Doutor – respondeu um jovem que estava em posição de lótus.

— Dr. Inácio, vamos deixar a iniciativa com o senhor... Qual o assunto que estudaremos hoje?

— Aqui no capítulo 4 – comuniquei –, nos deparamos com uma abordagem deveras interessante. Se vocês me permitirem... Não se trata, propriamente, de uma revelação, mas de oportuna advertência a todos nós.

— Somos todos ouvidos, Doutor!

— Logo após André Luiz ser informado pelo Dr. Henrique de Luna, em torno de sua condição de suicida indireto, ele começa a meditar sobre um ponto interessante que, enquanto no corpo carnal, habitualmente desconsideramos.

Ante os presentes atentos, passei a ler: "*... não poderia supor, noutro tempo, que me seriam pedidas contas de episódios simples, que costumava considerar como fatos sem maior significação. Conceituara, até ali, os erros humanos, segundo os preceitos da Criminologia. Todo acontecimento insignificante, estranho aos códigos, entraria na relação de fenômenos naturais*".

— Pelo que podemos constatar – considerei em seguida –, André Luiz não estava sendo acusado por ninguém: a sua própria consciência é que começava a molestá-lo!

— De fato – interveio Modesta, ensejando a participação dos demais companheiros –, ninguém estava lhe pedindo contas de absolutamente nada...

— O Dr. Henrique de Luna e Clarêncio apenas conversavam com ele – frisou Domingas. — Recordo-me, a propósito, do que Chico certa vez nos disse descontraidamente: "*Quando chegamos a desencarnar, os Benfeitores e amigos que nos recebem em seu meio não nos constrangem com os nossos erros... Eles nos tratam bem e nada comentam de nossas falhas. Nós é que, com o passar do tempo, sentimos não merecer estar entre eles. É aí, então, que pedimos para reencarnar, a fim de merecer a sua convivência do Outro Lado..."*

E brincou, fazendo-nos sorrir:

— Do Outro Lado que, para nós, evidentemente, é este...

— Há um ponto, no entanto, que desejo destacar – prossegui. — Qual ocorre à maioria de nós, André Luiz se preocupava apenas em não cometer grandes erros... Os pequenos deslizes cotidianos, ele os considerava como "fenômenos naturais"!

— A gente, normalmente, se preocupa em não infringir gravemente a lei...

— Para não ter, por exemplo, que responder a um processo. Mas você já pensou Odilon – convidei o Instrutor a opinar –, se a maledicência sobre a vida alheia fosse causa de processo?

— Dependendo, Doutor, se se pode mover uma ação por danos morais contra o caluniador...

— Sim, mas eu estou me referindo à fofoca anônima que enlameia a vida de muita gente, àquele falar mal que não tem dono, mas que, muitas vezes, denigre a imagem do próximo... Pequenos e quase ingênuos, se assim posso me expressar, atos de desonestidade!

— Doutor, se ficarmos atentos a isto, nem viveremos no corpo... Afinal, quem é que consegue atravessar a existência sem tecer um comentariozinho qualquer? – aduziu Domingas.

— Errar é humano, não é, minha cara? Não é este o nosso velho chavão?

— O espírito precisa ter o cuidado de não ser extremamente condescendente consigo mesmo – sentenciou Modesta.

— Está aí! – falei não querendo perder a ponta da meada. — O espírito, em termos de deslizes, se vigia no atacado, mas não se vigia no varejo! Como muitos acham, André Luiz achou que seria suficiente não matar, não furtar, não roubar, para lhe assegurar um lugar de tranquilidade, após a morte do corpo.

— Quando nos exorta à reconciliação com os adversários – observou Odilon –, Jesus afirma que haveremos de nos responsabilizar pelo montante da dívida moral contraída até ao último ceitil...

— Muito bem colocado, Odilon! – considerei, dando ênfase ao mencionado versículo evangélico em sua íntegra: *"Digo-vos, em verdade, que daí não saireis, enquanto não houverdes pago o último ceitil"!*

— Como o Espiritismo aperta a gente, hem, doutor? – comentou Manoel Roberto.

— Como diz o ditado: “Aperta, sem abraçar”! – disse Domingas, sorrindo.

— Chico Xavier dizia algo mais ou menos assim: o conhecimento que liberta é também aquele que nos coloca nas mãos a chave da cela... A gente tem que saber a hora de entrar e de sair! Liberdade sem responsabilidade é uma utopia!

Dirigindo-me, então, ao público presente, perguntei:

— Vocês sabem por que o espírito evolui? Quem aqui sabe me dizer o motivo de estar evoluindo? Para que estamos nos redimindo?

Como ninguém tomasse a iniciativa de se arriscar, respondi:

— Para, num planeta semelhante à Terra, sermos, um dia, crucificados como Jesus Cristo o foi!

Em meio ao burburinho dos comentários paralelos, antecipei-me a possíveis apartes:

— Ué!, vocês pensam chegar a Cristo para quê?! Permanecer gozando, pela eternidade, de um suposto paraíso de delícias?! Este desejo não é incompatível com o que nos disse o Senhor, quando afirmou que o Pai e Ele sempre trabalham?!

Enquanto a turma pensava, observei:

— Mas este não é, agora, o assunto a ser discutido. Voltemos ao tema de “Nosso Lar”. O homem, desde muito, vem se comprometendo no que considera sem relevância para o seu futuro espiritual. André Luiz estava se sentindo embaraçado pelo que *"costumava considerar como fatos sem maior significação"!* O Dr. Henrique de Luna, apontando-lhe as causas de seu suicídio indireto, relaciona: *"... seu modo especial de conviver, muita vez exasperado e sombrio, captava destruidoras vibrações naqueles que o ouviam. Nunca imaginou que a cólera fosse manancial de forças negativas para nós mesmos? A ausência de autodomínio, a inadvertência no trato com os semelhantes, aos quais muitas vezes ofendeu sem refletir..."* Vejamos: um mundo de emoções e atitudes com as quais, comumente, não nos preocupamos, mas que, em verdade, vão solapando o aproveitamento de nossa experiência reencarnatória!

— Como este problema é sério, Inácio! – ponderou Modesta. — Os nossos irmãos na carne necessitam ser mais frequentemente advertidos quanto a isto!

— Essa miuçalha de erros cotidianos...

— Em contraposição – retruquei –, precisamos aprender a criar ensejo a pequenas ações positivas, como, por exemplo: viver com alegria! Quão poucos os que vivem com otimismo e esperança! Pessoas existem que, pelo seu estado de espírito deprimente, conspiram contra a sua própria felicidade. Vivem atraindo o que é negativo e assimilando forças que as induzem ao fracasso. Pessoas sem fé, que cavam deliberadamente o abismo da descrença a que se arrojam, assim permanecendo quase a existência inteira.

# Capítulo 29

— A fé, evidentemente, é uma conquista – frisou Manoel com propriedade.

— Uma conquista e construção! – emendei. — Notadamente, a fé como sendo fruto da razão, a fé verdadeira. O nosso caro Odilon costuma dizer, e com sabedoria, que, em mediunidade, pouco conhecimento, ou seja, um conhecimento superficial, leva à descrença, ao passo que estudos mais acurados sobre o tema fortalecem a confiança do medianeiro...

— Inácio, permita-me a intromissão.

— Vocês estão aqui para se intrometerem mesmo, Modesta – brinquei, deixando a companheira mais à vontade.

— No médium, a construção da fé é resultado do esforço, da perseverança e do estudo meditado.

— Bem colocado – disse –: *estudo meditado!*

— Não adianta apenas ler e ler... O médium, aliás, qualquer um, necessita aprender a pensar sobre o que lê. Meditar sem pressa...

— Outro detalhe importante, Modesta: *meditar sem pressa!* O pessoal quer aprender o Espiritismo numa primeira leitura. Isto não existe! O Espiritismo é ciência de extraordinário dinamismo, no campo do pensamento. A Doutrina carece de ser *pensada*...

— Doutor, se me consente...

— Ora, não seja tão econômico com as palavras, Odilon.

— A rigor, o Espiritismo ainda está sendo *pensado*!

— Por favor, Dr. Odilon – solicitou Manoel –, clareie o seu pensamento...

— À medida que os homens se mostrarem aptos, do ponto de vista moral e mental, irão se colocando em condições de ampliar o conteúdo de revelação da Doutrina. Em outras palavras, o Espiritismo *tem de ser levado para a Terra*, o que, gradativamente, acontecerá.

— Interessante, Odilon, esta colocação sua e do Inácio...

— D. Modesta, se o Universo continua em expansão, significa que Deus ainda está criando, certo?

— Lógico.

— Deus ainda está *pensando* a Criação!

— Espíritos e homens, prezada Modesta – falei –, são chamados a se unir para *pensar a Doutrina*, e não apenas para pensar sobre a Doutrina! Há diferença marcante entre uma e outra coisa. Os que *pensam* a Doutrina são os que se colocam receptivos para desdobrá-la.

— Desde que não extrapolem, não é, Inácio?

— Exatamente. Daí a necessidade de tudo ser sancionado pelo crivo da fé raciocinada. Nada deve ser admitido sem análise séria e isenta, mas também nada deve ser negado *a priori*.

— Doutor – solicitou Domingas –, poderia voltar ao assunto, que considero de grande importância, sobre os erros que consideramos insignificantes na reencarnação?

— Mas que não o são!

— Estou interessada nisto e creio que grande parte do auditório também, já que muita gente, dentro em breve, deverá retomar a liça no corpo...

— Tanto quanto possível, precisávamos fazer um planejamento de nossas ações diárias: tanto *lá* quanto aqui!

— O senhor se refere a uma espécie de agendamento?...

— Sim, para que possamos combater o *tempo ocioso*.

— Para mim – comentou Modesta –, este é um dos maiores problemas no aproveitamento do espírito na reencarnação: *tempo ocioso*!

— Não podemos nos conceder trégua. O minuto vazio dá ensejo à hora vazia, e esta, por sua vez, ao dia vazio.

— O dia vazio à semana vazia...

— A semana, ao mês e ao ano vazios...

— Enfim, à experiência reencarnatória não aproveitada de maneira conveniente!

— Isto sucede a grande maioria! Milhares e milhares de espíritos, no corpo e fora dele, vivem malbaratando as oportunidades de crescimento que a Vida lhe concede.

— Como evitar isto, Doutor – perguntou Domingas.

— Aprendendo a valorizar cada hora, a partir de cada minuto!

— Como?! O senhor poderia nos dar um exemplo prático...

— A lista é enorme! *Aproveitar os intervalos ociosos, entre uma ocupação e outra.* Por exemplo: ler, sustentar um diálogo construtivo, visitar alguém que esteja doente, defender a Natureza – cuidar do jardim, plantar uma árvore, proteger uma nascente –, enfim, ocupar a mente e as mãos em qualquer tarefa que objetive o bem-estar da coletividade.

— Doutor, e o lazer...

— Perdoe-me, minha cara, mas, na minha *modesta* opinião...

Sorri ante a referência proposital à Modesta e completei a frase:

— ... o homem já descansa demais! Dorme de oito a dez horas por dia! De modo quase imperceptível, para ele e para os outros, cochila inúmeras vezes quando se imagina em vigília...

— Cochila, Doutor?

— De olhos abertos, Domingas!

— Isto acontecia muito comigo! Sem falar nos cochilos nas reuniões espíritas, durante as palestras, ou sobre as páginas de um livro que estivesse lendo... Era só eu começar a ler, vinha o sono! Seria ação dos espíritos das Trevas, Doutor?

— Às vezes, sim; às vezes, não – respondi sorridente.

— É que, noutra obra de sua lavra, André Luiz nos fala de espíritos que nos induzem ao sono, dificultando, assim, o nosso aprendizado...

— Porém, na maioria das vezes, é falta de lucidez pessoal. Boca acostumada ao paladar de arroz com feijão, não sabe apreciar caviar...

— O que quer dizer?

— Somos espíritos tão imaturos ou deseducados intelectualmente, minha cara, que não conseguimos digerir a ideia que nos exige um pouco mais de atenção e esforço.

— E nos vem o sono?...

— Exatamente.

— Cruzes! Então como é que vamos sair disso?

— Pela educação do espírito, Domingas! Precisamos, todos, com a máxima urgência, criar o hábito da leitura e da reflexão. O homem precisa cuidar do cérebro como cuida dos músculos!

— Exercitar o cérebro!

— O cérebro e, por que não dizer, o coração! O intelecto e o sentimento! A sua capacidade de pensar e de amar!

— Continue com a lista, Doutor; estou interessada...

— Trabalhar como voluntário numa obra assistencial: sempre que lhe sobrar tempo, corra para uma creche, um lar de idosos, vá ensinar num curso profissionalizante...

— Ou aprender algo, não é?

— Claro! Fazer um curso universitário...

— Aos 60, 70 de idade, Doutor?

— E por que, não?! Vá estudar Idiomas, Música, História, Literatura... Eu não sou contra o lazer, mas, para o espírita, todo lazer deve encerrar certa utilidade. Somos imortais e estamos caminhando, mas o passo que não for dado hoje, forçosamente terá que ser dado amanhã...

— Muita gente deixa para a outra encarnação!

— Deixa, para ver se é verdade! Acontece, porém, minha cara, que, na próxima encarnação, a força de vontade não desenvolvida não vai aparecer... E daí? Como é que fica?

— Chico nos dizia que o espírito que abandona a tarefa, mais tarde, quando resolve retomá-la, necessita retomá-la no ponto exato em que a deixou...

— É que a Vida, indiferente à sua ociosidade ou rebeldia, continua passando, e ele fica!

— Doutor, o que mais? – indagou Domingas.

— Auxilie-me, Odilon – solicitei. — O que mais?

— Algo importante – lembrou o companheiro: — *Não falar mal de ninguém!*

— O que significa, falar bem ou... ficar calado!

— O espírito que conseguir se educar neste sentido...

— Nossa! Como progride! – exclamou Domingas com a espontaneidade que a caracteriza.

— Muitos dizem assim: no momento ocioso, vem a inspiração do mal... Por que não, a inspiração do bem? Ela vem, sim; é que a gente não a percebe... Eis o que eu gostaria de acrescentar à lista, Inácio – aparteou Modesta.

— Estarmos sempre atentos à inspiração positiva!

— Ao que a consciência nos sugere fazer ou os espíritos que desejam a nossa evolução. As boas ideias nos são sugeridas para que as concretizemos.

— Resumindo: os grandes feitos são para os grandes espíritos! Precisamos, espíritos comuns que ainda somos, ocupar-nos das coisas que nos são compatíveis com a capacidade de realização. O problema, no entanto, é que, ansiando pelas coisas grandes, não fazemos nem as pequenas! Se André Luiz nos diz que fatos negativos que considerava sem maior relevância pesaram para ele na balança, os positivos, de aparência insignificante, pesam também. E como pesam!

# Capítulo 30

Em uma de nossas reuniões subsequentes, a irmã Domingas combinou conosco que o assunto de nossos estudos, no capítulo 7, de "Nosso Lar", deveria ser levantado por um dos participantes.

Assim, franqueada a palavra, um dos presentes se levantou com um exemplar do livro nas mãos, sendo convidado, por nossa Coordenadora, a se aproximar.

— Dr. Inácio – apresentou-se o simpático rapaz –, eu sou o Rodrigo.

— Eu o conheço – respondi –, a você e aos seus pais.

— Eu sou amigo do Paulino Garcia...

— Estou sabendo. Você é participante de um dos grupos do "Liceu", não é?

— Exatamente.

— Qual é o tema que deseja propor às nossas reflexões de hoje?

— De início, quero esclarecer ao resto da turma que eu não era espírita... Cheguei a este Outro Lado ignorando quase completamente as questões concernentes à Vida além da morte. Tudo, para mim, foi uma grande novidade, e ainda está sendo!

— Você se tornou espírita? – perguntei.

— Estou estudando, Doutor. Neste sentido, os meus pais têm me auxiliado muito. Posso dizer que, em todos os sentidos, só recentemente *nasci para a Vida Espiritual*...

— Sei como é isto. Também não faz muito que eu *nasci*!

— Dr. Inácio – comentou Domingas –, eu acho que *nasci* foi desta última vez...

— Quem aqui – dirigi-me à turma – tem consciência de ter *nascido* há duzentos anos?

Ninguém respondeu afirmativamente.

— Então há um pouco mais de tempo?

Novamente, silêncio absoluto.

— E há um pouco menos? Cento e trinta ou cento e cinquenta anos, por exemplo?

Apenas dois levantaram a mão.

— Rodrigo, quando foi que você *nasceu*?

— Ah, Doutor!, eu *nasci* quando morri! As lembranças que tenho de meu passado, em relação às vidas anteriores, são praticamente nulas.

— Você pode não ter lembranças vivas, mas é bem velhinho, meu filho – todo o mundo aqui é bem velho! Tem gente aqui mais velha do que eu!

O pessoal sorriu.

— Portanto, em termos de faixa etária real, ninguém sabe dizer quem é mais moço ou mais velho, certo?

— Não há o que ser questionado, Doutor – concordou Domingas.

— Eu os trato por "meus filhos", mas vocês podem ser meus avós!

— Em relação a mim, nem tanto, Doutor! Eu ser avó do senhor?! – quis Domingas esquivar-se.

— Tem gente que envelhece, mas não amadurece; adquire rugas no rosto, mas não circunvoluções no cérebro...

Com uma piscadela para Odilon, como a pedir o seu consentimento:

— Tem 50 anos de Espiritismo, mas nem um dia de Evangelho!

O Instrutor esboçou um sorriso e eu disse a Rodrigo:

— Vamos lá, meu caro, sem mais divagações. O que você destaca para os nossos estudos no capítulo 7, das anotações de André Luiz em "Nosso Lar".

— Doutor, como já foi dito à saciedade, a obra inteira é uma revelação, mas, para um leigo como eu, um aprendiz de Mundo Espiritual...

— Gostei: "aprendiz de Mundo Espiritual"! Todo espírita é...

— Posso ler três pequenos trechos?

— À vontade – concordei com o jovem, então, passando a ler.

— *"Forrava-se o solo de vegetação. Grandes árvores, pomares fartos e jardins deliciosos."* Este é o primeiro. Agora, vamos ao segundo: *"Aves de plumagens policromas cruzavam os ares e, de quando em quando, pousavam nas torres muito alvas..."* Finalmente, o terceiro: *"Extremamente surpreendido, identificava animais domésticos..."*

Rodrigo pausou por instantes, olhou para mim e exclamou:

— Dr. Inácio, *flora* e *fauna* no Além, ou seja, aqui, depois da morte?!

— Pois é, meu filho, o livro em análise está recheado de anotações semelhantes. Um pouco mais à frente, no capítulo 33, sugestivamente intitulado "Curiosas Observações", você pode conferir – solicitei –; está escrito: *"Seis grandes carros, formato diligência, precedidos de matilhas de cães alegres e bulhentos, eram tirados por animais que, mesmo de longe, me pareceram iguais aos muares terrestres. Mas a nota interessante era os grandes bandos de aves, de corpo volumoso, que voavam a curta distância, acima dos carros, produzindo ruídos singulares.”*

— Cães e cavalos!...

— E o pessoal *lá embaixo*, com exceções, é claro, lê e não entende patavina! Não entende que cães e cavalos, em qualquer lugar, sentem fome e, portanto, têm que comer! Os ortodoxos só faltam dizer que eles se alimentam de *fluidos*...

— Doutor - aparteou Odilon -, de *fluidos*, todos nos alimentamos!

— Sim, apenas com a diferença de que os homens comem *fluidos* em forma de pão, e os cavalos, em forma de capim! Se bem que... Bem, deixe para lá!

O pessoal entendeu o que ficou nas reticências e eu continuei:

— Cavalos e cães que, além de comer, fazem sexo...

— Eu sabia que o senhor chegaria aí! - comentou Domingas.

— Mas fiquem sabendo, desde já, que eu não sou caso para Freud! Caso para Freud é quem acha que sexo, depois da morte, é algo pecaminoso, mórbido. A reprodução, em qualquer nível onde a Vida se manifesta, é algo natural. A faculdade de criar ou de procriar é divina!

Raciocinei rápido e peguei o pensamento que, por pouco, não me escapava:

— O que vocês diriam se aqui, no Mundo Espiritual, os homens pudessem se relacionar sexualmente, como se relacionam, sem função reprodutora? Ora, como dar-se, na Terra, uma função sublime ao sexo e a ele negá-la aqui, neste Outro Lado? Esse pessoal que nega a reencarnação no Plano Espiritual, no fundo, está defendendo o sexo pelo sexo! Ou não?!

— Doutor – disse Domingas –, eu nunca havia pensado no assunto sobre este prisma...

— Eu também não! – exclamei. — Mas existe lógica ou não? Na Terra, o sexo para reprodução; aqui, no Mais Além, o sexo pelo sexo?... Aí, sim, o relacionamento sexual careceria de sentido. Concordam?

Virando-me na direção de Rodrigo, interroguei:

— Você sabe de algum de seus colegas, ou você mesmo, que não faça sexo por aqui?

— Não, Doutor, não me peça nomes, mas não sei de ninguém – descontraiu-se o inteligente rapaz, levando os colegas a sorrir.

— André Luiz fala em pomares, não fala? – prossegui.

— Fala!

— Fruto não nasce sem sexo. Ou nasce? Daqui a pouco, irão dizer que é tudo fruto de incubadora ou criação da mente. Não tem nada disto! Nos vegetais, o gameta masculino relaciona-se com o feminino... A menos que queiram colocar maledicência no assunto! O pólen fecunda o estigma, na chamada *polinização*! Agora, não me perguntem mais que, mesmo que soubesse, não diria.

— Isto é uma aula de Botânica! – brincou Domingas.

— Muitos dirão que é de pornografia... Uma banana para eles, de preferência verde!

— Se André Luiz fala em pomar, fala em fruto... Será que quem lê não entende, Doutor?

— Tem um amigo meu que acha que *eles não querem entender*...

— Se há reprodução vegetal, há reprodução animal!

— Eureca, Domingas! Você inventou a pólvora!...

— Eu já disse ao senhor que não me sinto tão velha assim...

— Agora, sou eu quem não quer perder a linha de raciocínio – disse, citando trecho do prefácio de "O Evangelho Segundo o Espiritismo". — *"Para dissipar as trevas e confundir os orgulhosos"*, André Luiz ainda faz referência a uma espécie de aves nativas – enfatizei, repetindo –, nativas do Mundo Espiritual!

— *Íbis viajores*! – retrucou Rodrigo.

— Auxiliares dos Samaritanos, que devoram as formas mentais nas regiões umbralinas – emendou a coordenadora.

— Como se fossem os nossos urubus, devorando carniça!

— Que imagem forte!

— Mas é a realidade, minha cara. O que os homens acumulam nos lixões? Apenas os restos de sua mesa? É claro que não. Neles, muitas vezes, está o retrato do desperdício, da indiferença e da cultura medíocre do ser humano! Em muitos países, o que vai para o lixo daria para matar a fome dos que morrem de fome no mundo! Todavia, não é a isto que desejo me referir agora, mas sim, ao chamado *íbis viajor*, que é uma espécie de ave nativa do Mundo Espiritual.

— Que aqui se acasala, se reproduz, cresce...

— Em outras palavras: nasce, morre e torna a nascer, sem ser propriamente conhecida dos homens na Terra, a não ser em sua *versão* mais animalizada.

# Capítulo 31

Dando sequência à explanação, ressalvei:

— O *íbis* é uma ave da família Threskiornithinae, conhecida desde o Egito Antigo, onde, inclusive era objeto de adoração religiosa. Talvez muitos aqui a conheçam, por exemplo, com o nome de *curicaca*...

— Ah! – exclamou Domingas –, agora sim, posso identificá-la: *curicaca!*

— Todavia, minha cara, a espécie mencionada por André Luiz, *íbis viajor*, como disse, é nativa do Mundo Espiritual, posto que, em nenhuma das espécies, com que essa ave pernalta parece na Terra, revela as mesmas características, ou seja: *"devorarem as formas mentais, odiosas e perversas, entrando em luta franca com as trevas umbralinas"*...

— Em luta franca, Doutor? – perguntou Rodrigo. — Parece ficção, não é?

— Aliás – respondi –, quando "Nosso Lar" foi publicado, no começo da década de 40, muitos o consideraram, por inteiro, obra de ficção literária.

— Ficção para os que se encontram encarnados – comentou o rapaz –, seria vivenciar o que estamos vivenciando!

— Você o disse com muita propriedade. Mas, por outro lado, devemos reconhecer não ser mesmo fácil aceitar aquilo para o que não nos encontramos convenientemente preparados.

Efetuei pequeno intervalo e indaguei:

— Se não estivessem vivenciando a realidade da Vida após a morte do corpo, vocês aceitariam todas as informações com que nos deparamos neste livro?

— Confesso que, para mim, seria muito – respondeu Rodrigo pelos demais.

— E agora, continua sendo muito?

— Não! O muito agora é pouco...

— Quando li "Nosso Lar", Doutor – falou a Coordenadora dos estudos –, espantoume a referência de André Luiz, quando visitava a casa de D. Laura, mãezinha de Lísias, à "Sala de Banho"...

— Ah, sim!, você quer dizer ao banheiro!

— À "Sala de Banho"...

— Foi para não chocar o leitor imaturo que André Luiz, discretamente, se referiu à existência de tal dependência na casa em que foi acolhido. Mas vamos por partes... Suponhamos que ele só estivesse se referindo mesmo à "Sala de Banho". O que significa?

— Que espírito toma banho, Doutor – redarguiu Rodrigo.

— Como na Terra, nem todos aqui têm semelhante hábito... Tem espírito por aí que não deve tomar banho há séculos!

— Eu conheço alguns, Doutor – gracejou Domingas –, que, literalmente, cheiram a *defunto*...

A turma, outra vez, sorriu agradavelmente.

— Embora a informação, explícita e implícita, de André Luiz, tem espírita que até hoje não se conforma: depois de *morto*, não quer tomar banho! Não os censuro, não. Quando já mais velho, eu tinha uma preguiça danada de fazer a barba, aparar as unhas e, principalmente, tomar banho todo dia! Creio que acabei assimilando a ojeriza dos gatos à água! Lá no "Sanatório", para dar banho em certos doentes, a gente tinha que molhá-los de roupa e tudo...

— Que falta de caridade! – provocou-me Domingas.

— Depois de quase um mês sem banho, acredite: era caridade! Principalmente para com as nossas narinas...

— Aqui, tomo mais banho do que tomava lá embaixo, quando, tantas vezes, chegando suado do futebol...

— Eu não sabia que estávamos conversando com um goleador!

— Goleiro, Doutor – eu era goleiro! Minha mãe tinha que brigar comigo para que eu não dormisse sem banho...

— E chuteira fede!

— Tênis fede mais! Eu era goleiro de futebol de salão...

— Então, sua mãe, Rodrigo, é uma santa: aquele chulé dentro de casa, à noite...

O jovem amigo emocionou-se ante as próprias reminiscências.

— Ora, meu caro – procurei confortá-lo –, você está mais vivo do que sempre, e terá a eternidade para amar os seus pais! Estamos mergulhados num Oceano de Amor!

Não sei por que o pessoal aplaudiu...

— Continuemos – falei. — Onde é que estávamos?

— Na "Sala de Banho", Doutor.

— Ah, sim!, Domingas, no banheiro. Além de banho, o que mais nos sugere o banheiro ou, por outras palavras, o sanitário?

Todo o mundo ficou calado.

— Ué!, vocês já transcenderam essa necessidade fisiológica? Meus parabéns! Sinto-me envergonhado, porque eu não! É verdade, não vou mais ao sanitário com a frequência de outrora, umas duas ou três vezes por dia...

O pessoal gargalhou:

— Qual é a graça?

Eles se dobraram de sorrir.

— Eu ia duas, três vezes por dia, para fazer o que muito espírita faz de uma vez só! Faz para o mês inteiro, o ano inteiro e, em alguns casos, para a encarnação inteira!

— Doutor, o senhor deveria ser humorista...

— Palhaço, Domingas, palhaço!

Enquanto a turma se recompunha, comentei.

— Pois é; espírito não é anjo, porque anjo, pelo menos assim suponho, é que deve estar livre dessas necessidades fisiológicas... Vocês se recordam que, dias atrás, comentamos o fato de André Luiz estar barbudo?

— Sim – respondeu Rodrigo –, eu me recordo.

— Inocentemente, penso que, depois de ter dado a devida finalidade ao vaso sanitário existente na casa de Lísias e tomado um bom banho, ele raspou a barba...

— Engraçado, não é, Doutor? Quando estava encarnada, eu pensava que todo Mentor fosse barbudo...

— Inclusive eu? – perguntei embaraçando a confreira.

— É que eu via quadros de Dr. Bezerra, de Cairbar Schutel, de Batuira, de Eurípedes Barsanulfo...

— Eurípedes, não, Domingas! Eurípedes, como Bittencourt Sampaio, só usava bigode...

— Ah!, barba, bigode, cavanhaque, é tudo a mesma coisa!

— Domingas, você corta as suas madeixas por aqui? *Morta*, você procura os serviços de um salão de beleza no Mais Além?

— Uai, Doutor!, é claro! Ainda mais cabelo ruim feito o meu? Continua me dando um trabalhão...

Resolvido a mexer com ela, observei:

— Você sabia que a gente pode avaliar a evolução do espírito por seus cabelos?

— Como?! – redarguiu um tanto descrente.

— Espírito superior não tem cabelos não, minha cara; se, porventura, os tem, são lisos e não crespos assim como os seus! Você não percebe que os meus estão raleando? É que eu estou quase chegando lá...

— Doutor, a gente não sabe quando o senhor brinca ou fala sério!

— Não é para saber mesmo, não. Conforme dizia um amigo meu: eu não vim para explicar; eu vim para confundir... Aliás — desculpe-me pela blasfêmia –, eu vim para atear fogo ao mundo...

— Ao mundo espírita, não é, Doutor?

— De preferência!

Vendo Odilon sorrir e abanar a cabeça, prossegui:

— Voltemos ao banheiro...

— De novo? – ironizou Rodrigo.

— Viu, meu filho, como sou portador de doença contagiosa?

— Quem me dera possuir, pelo menos, a metade das doenças do senhor!

— Pronto! Agora está me puxando o saco... E o pior – o pior, não, o melhor é que espírito também tem isso...

(Literalmente, abrindo um parêntese, deixem-me aqui apreciar a cara dos ortodoxos que, com certeza, estarão exclamando, quase a espumar pela boca: *Blasfêmia! Pornografia! Mistificação! Espírito chulo! Anátema! Para a fogueira!* Sabe qual a minha resposta: *Ah, ah, ah, ah!...*)

— Estamos, Doutor, outra vez, no banheiro da casa de Lísias – frisou Domingas. — Já se tomou banho, raspou a barba...

— Agora, só falta enxugar o corpo, pentear as madeixas e jogar, se possível, jogar um leite de colônia...

— Ah! – exclamou a plateia, esperando, com razão, um melhor desfecho.

— O quê? Estão reclamando do leite de colônia? Então uma alfazema?

— Não! – responderam em uníssono.

— Está bem. *Azzaro*, e não se fala mais nisto!

— *Kenzo*, Doutor! – opinou Rodrigo; nesta propaganda que vou debitar na conta de seus respectivos fabricantes.

# Capítulo 32

Ao fim de determinado número de encontros, reunimo-nos Domingas, Odilon, Modesta, Manoel Roberto e eu, para averiguarmos o aproveitamento das mesmas.

— O que você está achando, Odilon? – perguntei ao amigo, cuja opinião todos nós acatamos com respeito. — Proveitoso?

— Claro, Doutor, muito. Creio que não apenas nós mas também os companheiros encarnados, destituídos de qualquer espírito de prevenção contra a realidade, haverão de aproveitar os debates que o senhor vem conduzindo sobre alguns temas de "Nosso Lar".

— E depois, Inácio – disse Modesta –, as reuniões têm se processado num clima de descontração...

— Às vezes, excedo, não é?

— Não, Doutor – ironizou Manoel Roberto –, não são impróprias para maiores de... 40 anos!

— Se assim é, todo o mundo vai desejar ter mais de 40 para ouvir o senhor, inclusive eu...

— Apenas queremos comunicar a você...

— O que é, Modesta? – indaguei ante a pausa da devotada seareira.

— O pessoal andou comentando e...

— Vamos ter que fazer as reuniões num salão maior! É isto, Doutor! – esclareceu Domingas.

— O quê?! Espere aí, eu não sou orador... Tínhamos combinado...

— Tenha calma, Doutor – conteve-me Odilon –; o número de participantes só vai dobrar!...

— Como?!

— De pouco mais de 200 para... – a Coordenadora explicou, consultando anotações. — Para 453!...

— Vocês não sabem fazer contas? Mais do que dobrou... Meu Deus!

— Como iremos dizer "não"?

— *N, a, o,* til e pronto: não! Eu não tenho domínio de público. Nunca consegui falar para mais de meia-dúzia de gatos pingados...

— Tem, sim, Doutor – contestou-me Odilon.

— Vocês querem é me envaidecer! *Vade retro*, Satanás!

— Prometo que não abriremos mais para ninguém! – redarguiu Domingas.

— Por favor! Parem com isto! Não divulguem mais...

— Inácio, você quer saber de uma coisa? – perguntou-me Modesta, incisiva. — Tem até gente encarnada querendo participar! Dias atrás, estive com uma senhora que pertence a um seu fã clube...

— "Valha-me, Deus!" – exclamei, repetindo antigo chavão a que Chico Xavier sempre recorria quando se via apertado.

— O pessoal o estima muito, Doutor – ponderou Domingas. — Para cada um que lhe torce o nariz, o senhor tem mil que lhe sorriem!

— Eu não mereço, não...

— Merece, sim!

— O nariz torcido?

— O senhor está se referindo é a ele?

— Pensou que fosse ao quê, Domingas?

— Esse Inácio! Deus fez e quebrou a forma – suspirou Modesta.

— Quebrou de arrependimento! E o pior é que me fez imortal: agora, tem que me aguentar pela Eternidade!...

— Então vamos, gente – convidou-nos Domingas –, que já está na hora, e a turma espera ansiosa.

Chegando ao salão bem mais espaçoso, antes de posicionar-me, questionei a Coordenadora.

— Domingas, vocês estão me enganando... Aqui tem mais de 453 pessoas!

— Só umas duas ou três pessoas, Doutor. Não mais do que isto. É que o pessoal da faxina, da manutenção...

— Ah, sim!, os jardineiros, os eletricistas, os encanadores...

Sem me dar tempo para novas queixas, a arrebatada companheira de ideal espírita anunciou o início dos estudos.

— Como da vez passada – explicou –, o Dr. Inácio Ferreira conversou conosco sobre a "Sala de Banho" da casa de Lísias, hoje ele irá tecer alguns comentários sobre a questão da água. Não é isto, Doutor?

Tentando deixar as brincadeiras de lado, respondi:

— Exatamente, pois, afinal, uma coisa tem a ver com outra, não é? Sem água, uma "Sala de Banho" ou mesmo simples lavabo seria um contrassenso.

Em seguida, puxando pela memória, falei:

— "Nosso Lar" foi um dos primeiros livros espíritas que li, no começo da década de 50. Eu havia me tornado espírita recentemente, tendo sido conduzido à Doutrina pela nossa Maria Modesto, aqui presente. Ela me presenteara com um exemplar de "O Evangelho Segundo o Espiritismo". Posteriormente, li as demais obras da Codificação, Delanne, Denis, Bozzano e outros. Da lavra de Chico Xavier, como disse, "Nosso Lar" foi a primeira obra que tive oportunidade de ler. Fiquei deveras impressionado e surpreso, confesso, mormente quando cheguei ao capítulo 10, "No Bosque das Águas". Não fosse pela credibilidade moral do médium e o endosso de Modesta, talvez eu tivesse fechado o referido volume para não mais abri-lo. Vejam vocês: *Aeróbus, Serviço de Trânsito e Transporte, o Rio Azul* – um rio no Além!

Todos sorriram e mais bem se acomodaram nas poltronas.

— Quando, ainda há pouco, mandamos para a Terra o "Na Próxima Dimensão", o pessoal por lá debochou a valer... Sabem um dos motivos? Porque, visitando o "Bosque das Águas", um dos recantos mais aprazíveis de "Nosso Lar", contei a eles que havia visto um casal de pássaros chocando! Pintaram e bordaram, inclusive esboçando a caricatura de um ninho nas páginas de um periódico espírita.

Eu não sei por onde é que, hoje, andam os responsáveis por aquela execração. Deveriam ter a hombridade de vir a público e se retratar, porque, afinal de contas, o deboche foi feito à sua própria capacidade intelectual. Demonstraram total desconhecimento da Doutrina! Passaram eles aos leitores do jornal atestado público de sua ignorância, como alguns poucos continuam fazendo, agora pela Internet.

Efetuei rápida pausa e retomei os comentários.

— Mas, deixemos estar... A Verdade não se compadece dos que, voluntariamente, procuram ignorá-la. O que não aprendemos com a Vida, de livre e espontânea vontade, a *morte* nos enfia goela abaixo! Neste Outro Lado, o produto mais consumido é remédio para má digestão! Haja sal de frutas!...

Bem, não vamos ter tempo de falar sobre *"as grandes oficinas do Serviço de Trânsito e Transporte"*! Vamos deixar o tema para outra oportunidade. Apenas, de passagem, gostaria de registrar que, felizmente, não temos por aqui a calamidade dos engarrafamentos! E da poluição, provocada pela fumaça dos veículos automotores! E também da poluição sonora, oriunda dos carros e motos barulhentos que, no mundo, arrasam os ouvidos de qualquer um! Na Terra, precisava existir uma lei contra a poluição sonora igualmente. Multas pesadas contra os motoristas que desfilam nos seus carangos com o som a toda a altura. Convenhamos que isto ainda é coisa de mundo primitivo. Em minha opinião, o homem deveria ser proibido até de escarrar no chão!

A turma, sorridente, se manifestou.

— É! Vocês já imaginaram o número de micro-organismos patogênicos que são lançados fora numa cusparada? Além de ser um hábito de criatura não civilizada! Para que, afinal, existem os lenços? Não é para armazenarmos o nosso zoológico particular, com bacilos, bactérias, etc.?

Mas este não é o tema que pretendo desenvolver, no que espero seja um diálogo e não um monólogo – disse, pedindo a participação dos companheiros.

— Domingas – solicitei –, fale algo sobre água...

— Falarei algo bíblico – retrucou a irmã Coordenadora: — *"... e o espírito de Deus pairava sobre as águas."* Interessante, não é, Doutor? Na gênese bíblica, temos que Deus, no princípio, criou os céus e a terra... Fica-se com a impressão de que a água é elemento que já existia!

— Empédocles – disse eu –, filósofo grego, afirmava que a água é a substância básica do Universo – *o hausto liquefeito do Criador!*

— Nossa! Não estou entendendo nada...

— Ouçamos o caro Manoel Roberto. Fale alguma coisa sobre água, Manoel.

— Anualmente, cerca de 1,5 milhões de pessoas morrem por falta de água...

— Segundo os estudiosos – emendei –, em 20 anos, se tanto, faltará água para 60% do mundo!

— E você, Odilon, gostaria de tecer algum comentário? – indaguei ao Diretor do "Liceu".

— Apenas recordar uma definição, transmitida via mediúnica, pelo Dr. Dias da Cruz, inserida no livro "Instruções Psicofônicas", de Chico Xavier, de que *a água é a filha mais dócil da matéria tangível*!

— E você, Modesta?

— Que o corpo humano é mais feito de água, ou seja, de hidrogênio e oxigênio, do que qualquer outro elemento. Em outras palavras, a matéria de que o corpo físico se constitui é volátil...

— Então, podemos concluir que, na verdade, a desencarnação é fenômeno de desidratação!

# Capítulo 33

– Permitam-me, todavia – considerei –, abordagem mais prática sobre o conteúdo do capítulo da obra em estudo. Falemos sobre o "Rio Azul". Quem poderia supor a existência de um rio da natureza espiritual? Vejamos como, aos poucos, André Luiz, orientado pelos seus Mentores, vai descortinando aos homens a realidade da vida fora da matéria densa. Lerei pequeno trecho do referido capítulo: *"Todo o volume do Rio Azul, que temos à vista, é absorvido em caixas imensas de distribuição. As águas que servem a todas as atividades da colônia partem daqui. Em seguida, reúnem-se novamente, abaixo dos serviços da Regeneração, e voltam a constituir o rio, que prossegue o curso normal, rumo ao grande oceano de substâncias invisíveis para a Terra".* Quantas revelações em tão poucas palavras! Vamos tentar enumerá-las. Vocês, por favor, me ajudem.

— A existência de um rio pressupõe a existência de nascentes e do fenômeno da chuva – falei dando ensejo a que outros falassem, sem me preocupar aqui em lhes declinar o nome.

— Um rio sempre deságua noutro...

— Que, juntos, deságuam no mar! Portanto os que lerem o capítulo com atenção não estarão equivocados, se cogitarem de oceanos no Mais Além...

— Doutor, a preocupação do Mundo Espiritual com a questão da água muito antes que os homens encarnados começassem a se preocupar com a sua escassez...

— Sim, o livro é do começo da década de 40. André Luiz, então, já falava na reutilização da água, mostrando que, em "Nosso Lar", não há desperdício...

— Que, em suma, o Mundo Espiritual, sem água, seria também uma região estéril, inviabilizando a vida...

— Que a água, em seus vários níveis de densidade, é tão essencial aqui quanto lá...

— Há um serviço de canalização desses recursos hídricos e, consequentemente, de saneamento básico...

— Esgoto!...

— Irrigação!...

— Os oceanos da Terra são um prolongamento dos nossos mares...

— Portanto, em regime de coexistência, precisamos zelar pelas nossas fontes, porque a vida, em todos os seus aspectos, procede do Mais Além para o mundo...

— A vida aquática: peixes, algas, moluscos... Um rio sem peixes seria tão estranho quanto uma floresta sem animais!

— Aqui, não se adicionam ao precioso líquido somente substâncias como o cloro e o flúor...

— Está escrito em determinado parágrafo do livro: *"Virá tempo, contudo, em que copiará* (o homem) *nossos serviços, encarecendo a importância dessa dádiva do Senhor"*, que é a água!

— Nas Dimensões Superiores, se assim podemos nos expressar, nos depararemos com expressões mais sublimadas, ou *fluidas*, como queiram, da água, que, assim, deixando de ser sorvida, passa a ser somente inalada, como inalamos oxigênio...

— Quanta coisa! - exclamei satisfeito. — Como, repito, numa leitura rápida se podem efetuar tantas ilações? Impossível, não é? A leitura há de ser atenta e meditada.

Pairava enorme silêncio no recinto, quando prossegui:

— Vocês duvidariam agora da existência de uma vida mais intensa e inconcebível acima de nós?

— Não! – responderam a uma só voz.

— Duvidariam que, abaixo de nós, há uma vida em condições de maior primitivismo? Não estou me referindo à experiência no orbe terrestre, da qual somos egressos...

— Não podemos duvidar – tornaram a responder em uníssono.

— Percebam como a Vida, a partir de Deus, que é o seu Fulcro Inteligente, se projeta no Universo, com características espirituais e materiais, ocupando o Espaço... Depois, cumprido o seu ciclo evolutivo, em sentido inverso. De começo, o *princípio inteligente* quase a fundir-se com a matéria; mais tarde, *espírito redimido*, libertando-se dela! Entenderam?

— Mais ou menos – disse uma jovem a solicitar maiores explicações.

— A vida terrena é cópia imperfeita da vida espiritual, certo?

— Certo!

— A vida em nosso Plano, por sua vez, é igualmente cópia imperfeita da vida na dimensão imediata. Concorda?

— Concordo!

— Quanto mais perto de Deus, mais espírito; quanto mais longe, mais matéria...

— Compreendo.

— Portanto, a vida do espírito em nossas faixas de evolução é embrionária: estamos em *gestação*! Com todos os seres e com todas as coisas, assim é!

Neste ponto, interferindo, Domingas pediu um aparte:

— Doutor, no capítulo posterior, "Notícias do Plano", tendo indagado a Lísias se todas as colônias espirituais eram idênticas a "Nosso Lar", André Luiz obteve o esclarecimento que peço permissão para ler: *"De modo algum. Se nas esferas materiais, cada região e cada estabelecimento revelam traços peculiares, imagine a multiplicidade de condições em nossos planos. (...) importa considerar que cada colônia, como cada entidade, permanece em degraus diferentes na grande ascensão."*

— Cada colônia – frisei ao retomar a palavra –, cada Plano, seja ele material ou espiritual, cada universo...

— Cada universo?! – questionou a mesma jovem da plateia.

— Filha, são múltiplos os universos existentes! Os encarnados povoam o universo físico; nós, os desencarnados, o universo espiritual.

— Existem, então, muitos universos materiais?

— Sim, pois tudo é questão de consistência da matéria.

— Os caminhos da Evolução...

— ...são infinitos! - concluí.

— Isto não será desanimador?

— De forma alguma. Isto, minha filha, é uma maravilha! Você já imaginou o que nos aguarda? Não, com certeza, não! Nenhum de nós aqui é capaz de tal conceber. Pense na evolução de Jesus Cristo...

— Perante ela, somos insetos!

— Concordo em gênero, número e grau. Mas, por outro lado, pense na lagarta que se transfigura em borboleta... Que linda metamorfose! Um dia, todos haveremos de transcender a forma que nos limita. Ascenderemos a planos em que a alegria de viver supera todas as emoções mais sublimes que logramos experimentar!

— A jornada é longa...

— Longuíssima, mas belíssima! Quem caminha por uma estrada não está impedido de contemplar a paisagem que a emoldura! À medida que o espírito sobe, maior o horizonte que a sua visão consegue abranger. Há passagens comovedoras no Evangelho, às quais não damos a importância devida, a fim de mais bem apreciarmos a grandeza do Cristo: Ele transformava a água em vinho; ordenava ao vento e às tempestades, que lhe obedeciam; fazia tremer de júbilo o chão que pisava quando se punha a orar; multiplicava pães e peixes nos cestos quase vazios...

A jovem que me ouvia enxugou furtiva lágrima.

— Tudo tem o seu encanto, a sua beleza – prossegui. — Não há motivo real para tristeza, cansaço ou desânimo. Aos olhos de quem ama, tudo é belo e bom! Agora, sob as lentes do pessimismo...

— Doutor – brincou Domingas, provocando sorrisos –, o senhor está em transe...

— Às vezes, quando o *guia* encosta, acontece!

A plateia tornou a sorrir.

— Ué! – perguntei –, será que, tendo a obrigação de guiar os homens na Terra, somos nós desprovidos de guias? É evidente que, ao nosso redor, um Mundo Espiritual palpita... Se este é o Plano Espiritual dos homens, não é o dos espíritos desencarnados. O nosso está um pouco mais acima... Espero!

— Porque também pode estar mais abaixo, não é doutor?

— Tomara que não, mas pode!

A Coordenadora não retrucou e, percebendo que o tempo avançava, procurei rematar:

— Qual disse certa vez que, da Reencarnação, a única coisa que sabemos com segurança é que o espírito volta ao corpo, digo com a mesma convicção que, da Desencarnação, a única coisa que os homens sabem é que desencarnam! Se as surpresas da Vida fora da matéria continuam a ocorrer para nós, todos os dias – para nós, que já nos encontramos neste Outro Lado! –, imaginemos para os que ainda se encontram quase completamente imersos nas ilusões da Vida Material! Mesmo para os adeptos do Espiritismo, as condições da Vida no Mais Além continuam sendo uma incógnita! Por mais, digamos, exageradas as informações, há mais para se crer do que para se descrer! E, sinceramente, não estou advogando em causa própria, como muitos que, sem a menor cerimônia, para atender a caprichos de natureza pessoal, distorcem a Verdade.

Considerando encerrado mais aquele encontro, que, como os demais, havia sido produtivo, principalmente para mim, que estava tendo oportunidade de me reciclar no conhecimento da Vida, entrei em conversação informal com alguns dos presentes, colocando-me à disposição para as dúvidas que, porventura, pudesse esclarecer. E, rodeando-me, crivaram-me de perguntas...

# Capítulo 34

— Dr. Inácio – perguntou-me um dos participantes, no diálogo ativo que se estabeleceu entre nós –, é verdade que estamos no Umbral?

— Antes de tudo – respondi –, precisamos compreender o significado da palavra "umbral", que quer dizer "limiar", "porta", "entrada"... Neste sentido, estamos, sim, situados numa região umbralina, de vez que todos somos espíritos em evolução, transitando de uma dimensão a outra. Existem umbrais tanto para cima quanto para baixo...

— Todavia – insistiu – na concepção que os espíritas atribuem à palavra?...

— Mesmo, digamos, em seu sentido figurado, estamos situados no Umbral – aliás, conforme esclarecimentos de André Luiz, a própria cidade de "Nosso Lar" se localiza no Umbral.

— Mas, a rigor, onde começa o Umbral? – indagou uma jovem.

— Chico Xavier dizia que começa em nós mesmos... O Umbral, minha filha, é região espiritual que envolve toda a Terra! Existem planos espirituais em toda parte e não somente no espaço geográfico do Brasil. Cada região espiritual imediata à morte do corpo se caracteriza pela condição mental de seus habitantes. Assim, as regiões consideradas umbralinas se diversificam, não sendo todas absolutamente idênticas entre si.

— Muitos não acreditam nisto, não é Doutor? Afirmam que o Umbral não passa de criação literária de André Luiz...

— Vocês, de experiência própria, podem responder a tal argumento. O Umbral é ou não real?

A turma sorriu e prossegui:

— Descrer da existência do Umbral é o mesmo que descrer da existência de uma porta separando dois cômodos na mesma casa... Os limites existem: de uma cidade a outra, de um estado a outro, de um país a outro, de um mundo a outro mundo e sucessivamente. O Umbral é região espiritual em que voluntariamente nos confinamos!

Com um volume de "Nosso Lar" nas mãos, um senhor pediu permissão para ler:

— *O Umbral é região de profundo interesse para quem esteja na Terra. Concentra-se, aí, tudo que não tem finalidade para a vida superior. E note você que a Providência Divina agiu sabiamente, permitindo se criasse tal departamento em torno do Planeta. Há legiões compactas de almas irresolutas e ignorantes, que não são suficientemente perversas para serem enviadas a colônias de reparação mais dolorosa, nem bastante nobres para serem conduzidas a planos de elevação. Representam fileiras de habitantes do Umbral, companheiros imediatos dos homens encarnados, separados deles apenas por leis vibratórias.*

— A cidade de "Nosso Lar" estaria, de fato, também situada no Umbral? – questionou em seguida.

— Sem dúvida.

— Interessante é que muitos espíritas vivem pedindo para, após a desencarnação, morar em "Nosso Lar", mas não querem permanecer no Umbral...

— Pai – gracejei –, perdoa-lhes, porque não sabem o que dizem!... O que pretendem é impossível. Como, se a cidade de "Nosso Lar" fica situada em região superior do Umbral?! Os estudiosos andam certos, quando se referem à existência das chamadas "subdimensões" espirituais.

— O Umbral então?... – solicitou explicações mais detalhadas outra jovem.

— Subdivide-se! Temos, nas vizinhanças mais próximas da Terra, o Umbral Grosso; depois, o Umbral Médio; acima, onde se localiza "Nosso Lar", o Umbral Fino...

Notando que todos se mantinham na expectativa de maior elucidação, emendei:

— O Umbral Grosso começa ao derredor do próprio espírito encarnado, sobre a superfície da Terra; o Umbral Médio é onde nos encontramos agora...

— Quer dizer que nem no Umbral Fino ainda estamos? – interrogou uma senhora.

— A nossa cidade, do ponto de vista geográfico, se localiza abaixo de "Nosso Lar"! Isto, porém, não nos impede de transitar entre uma subdimensão e outra... Quem reside numa favela não está impedido de ir ao centro da cidade!

— Como quem mora na zona rural também não está impedido de transferir residência para a cidade!

— Desde que reúna as condições para tanto, não?

— O que temos acima de "Nosso Lar"? – indagou a mesma senhora.

— Outra dimensão espiritual, de natureza superior.

— Deixe-me ver se entendi – falou curiosa e atenta. — Embora seja da natureza superior, essa outra dimensão, que fica acima do Umbral, é também zona de transição...

— O seu raciocínio está perfeitamente correto. Encarnados e desencarnados, não importa o lugar em que estejamos, até que logremos alcançar a Perfeição, sempre estamos em trânsito para o Mais Alto! Aliás – aduzi – o espírito superior não ocupa um lugar circunscrito no espaço: o Universo lhe pertence! Se Deus está em toda parte, o espírito que é um com Ele, igualmente está! *Localizar* o espírito é limitá-lo! O espírito que se *localize* se limita.

— Então, os espíritos que se localizam nos mundos superiores, fora do nosso Sistema Solar?...

— Em que pese à sua grande evolução, que transcende até a nossa capacidade de compreensão, ainda são espíritos limitados!

— O espírito, quanto mais evoluído?...

— ...mais universal!

— Interessante! Então não devemos nos prender a nada?

— Em nossa atual condição evolutiva, carecemos de certos pontos de referência, pois, caso contrário, nos perderemos.

Fiz diminuto intervalo e observei:

— Por que, por exemplo, necessitamos de corpo? São diversos os corpos que possuímos... Porque, sem corpo, perderíamos a identidade. Se eu, Inácio, perder todos os meus corpos, me *diluirei*! Estão entendendo? Eu não estou preparado para ter consciência de mim, sem me ver, sem me tocar, enfim, sem me localizar e localizá-los...

Estando por perto, acompanhando o meu bate-papo informal com alguns dos participantes do estudo, Domingas soltou:

— Cruzes, Doutor! Eu nunca havia pensado nisto...

— Pois é, minha cara, a coisa é um pouco mais complexa do que pensamos. De certa forma, o corpo é ainda a nossa *cabeça*!

— Quer dizer que tenho o meu cérebro nos pés?...

— É mais ou menos por aí! A gente vai subindo, Domingas: o cérebro nos pés, nos joelhos, nos quadris, no tórax...

— Até a total emancipação!

— Até que a Vida se nos centralize na mente, inclusive em nossa capacidade de amar! O resto é apêndice, que nos compete perder através da evolução. Domingas, você se recorda da questão número 249-a, de "O Livro dos Espíritos"? Kardec perguntou: — *A faculdade de ouvir, como a de ver, está em todo o seu ser?* A resposta foi a seguinte: — *"Todas as percepções são atributos do espírito e fazem parte do seu ser; quando ele se reveste de um corpo material, elas não se manifestam senão pelos meios orgânicos; mas, no estado de liberdade, já não estão localizadas".*

— Eu soube – comentou a companheira –, conforme alguém já disse aqui, que tem gente escrevendo contra a existência do Umbral e até de "Nosso Lar"...

— Ah!, Domingas, a empáfia desse pessoal... Eles podem escrever o que quiserem, mas não mudarão a realidade. O que estão insinuando? Que Chico Xavier estava fascinado?

— Se Chico estava fascinado, o que sobra para nós!

— Nada vezes nada! – exclamou um rapaz com seriedade.

— Tem espírita que passa a vida inteira sem fazer absolutamente nada; depois, quando está prestes a desencarnar, quer fazer alguma coisa, investindo contra o que outros fizeram ou estão fazendo... Coitados, são tão infelizes, que só sabem construir, destruindo!

— Doutor, eles dizem se apoiar em Kardec...

— Com todo o respeito ao Codificador, ele não disse a última palavra como Kardec nem como Chico Xavier! O Espiritismo avançará sempre. A opinião contraditória desse pessoal é mero acidente de percurso. Eles têm o direito de pensar de maneira contrária – eles não o têm é de ser agressivos como são! Quem agride e ofende pode até estar com parcela da Verdade, mas perde a razão por inteiro. A falta de fraternidade com que agem no que falam ou escrevem já os desautoriza moralmente.

— Dr. Inácio – interrogou a senhora alheia às querelas que imperam no Movimento, distraindo os espíritas de suas obrigações fundamentais –, o que nos diz das dimensões espirituais inferiores?

— As que se situam abaixo da Crosta? Porque a Crosta, igualmente, não passa de dimensão espiritual...

— Abaixo do Umbral, que é onde nós estamos, fica a Terra...

— E abaixo da Terra, que denominamos *Crosta*, temos as Trevas e o Abismo!

— As Trevas?...

— André Luiz, no livro "Libertação", forneceu notícias dessa região considerada subcrostal, porque fica no interior da Terra.

— Ele descreve a cidade dos "gregorianos", não é, Doutor? – interpelou Domingas ensejando-me novos esclarecimentos.

# Capítulo 35

— O trabalho de André Luiz – dei sequência ao diálogo –, através da mediunidade missionária de Chico Xavier foi inestimável. Digo-lhes, sem qualquer titubeio, que Emmanuel e André Luiz, representando uma Falange de Espíritos Superiores, enriqueceram sobremodo a Doutrina Espírita. Nas obras "Nosso Lar" e "Libertação", por exemplo, o notável cientista desencarnado nos fornece, com o detalhamento possível, notícias em torno de uma cidade espiritual situada em dimensão superior e de outra localizada em região inferior.

— Por que o senhor disse "com o detalhamento possível!" – perguntou um dos integrantes do grupo que me sabatinava. — Não teriam sido viáveis notícias mais amplas e precisas?

— No que tange às possibilidades do instrumento mediúnico, no caso, Chico Xavier, não duvidamos que tais informações pudessem se viabilizar. Talvez, no entanto, tivessem sido inoportunas à época em que os livros mencionados foram escritos e mesmo agora.

— Agora, em pleno terceiro milênio da Era Cristã, creio que nem tanto, Doutor – redarguiu o interlocutor.

— Eu também acho – argumentou outro –, mormente em face dos avanços da chamada Física Quântica, descortinando universos à mente humana.

— Não tenham assim tanta certeza. Vocês não estão vendo as reações contraditórias que "Nosso Lar", escrito em 1943, há quase 70 anos, ainda vem motivando?

— Doutor – interpôs-se Domingas –, se aplicaria, neste caso, a advertência de Jesus, anotada por Mateus, no capítulo 7, versículo 6: *"Não deis aos cães o que é santo, nem lanceis ante os porcos as vossas pérolas, para que não as pisem com os pés e, voltando-se, vos dilacerem."*?

— Plenamente – respondi.

— Mas como acontece – indagou a desinibida senhora que conosco conversava – essa "regulagem"... Não sei se estou me expressando bem, porque, para mim, até a terminologia espírita é coisa nova.

— A que "regulagem", minha irmã, você se refere? – perguntei, com o fito de lhe dar oportunidade de maior clareza de raciocínio.

— Talvez a palavra certa seja "controle"! Como isso se dá? Por exemplo: eu, na condição de espírito livre, escrevendo ou simplesmente falando, desejo contar através de um médium tudo que vejo na Vida de além-túmulo...

— Ah, sim! – diversos exclamaram quase ao mesmo tempo. — Interessante pergunta.

— O médium, minha filha – elucidei –, não teria cabeça para tudo, como, na verdade, não tem.

— Não teria cabeça?...

— Não ofereceria sintonia! E digo-lhes isto de experiência própria, porque, conforme sabem, tanto quanto possível, eu tenho me esforçado a escrever para a Terra...

— Conte-nos, Doutor – solicitou a senhora.

— Por mais que eu queira transmitir, pela via mediúnica, certas notícias de nossa vida aqui, no Plano em que nos encontramos, esbarro com as limitações do medianeiro...

— Seria falta de afinidade entre espírito e médium?

— Em nosso caso, não, posto que, de longa data, somos amigos. Embora possa, sim, ocorrer, entre mim e ele, o que se dá não é falta de afinidade. Caso não tivéssemos alguma, nem o pouco que por ele transmito eu conseguiria transmitir. A questão é de relevância maior.

— Qual?! – insistiu.

— Assim como os homens não conseguem vencer a lei da gravidade, que, em condições normais, os impede de se afastar a grandes distâncias da Terra, para o mundo psíquico existem leis com ação semelhante. O resultado do intercâmbio mediúnico será sempre relativo. Até em seu vocabulário, o homem se encontra limitado, não dispondo de palavras para todas as ideias que os espíritos desejam expressar.

— Por este motivo, Doutor – voltou a interrogar Domingas –, é que se tem, na Terra, maior volume de informações sobre as regiões espirituais inferiores?

— Exato, minha cara – concordei. — Primeiro, porque o que é *inferior* é com a gente mesmo, não é?

Com a turma sorrindo sem muito entusiasmo, continuei:

— E, depois, porque tudo o que nos foge ao domínio intelectual deriva para a ficção, pois, para expressar a realidade que se coloca acima de sua compreensão habitual, o homem não dispõe de outro recurso que não seja a ficção!

— Há quem alegue que "Nosso Lar", qual os demais livros da série, é obra de ficção...

— Pois é – retruquei, ponderando –, mas, tomado ao pé da letra, não há livro de maior ficção que o Evangelho... A rigor, o que é mais maravilhoso: os espíritos sobreviverem à morte do corpo e edificarem moradas no Outro Lado da Vida ou um Homem ressuscitar mortos? E, mais, ressuscitar a si mesmo, ao ponto de deixar o próprio túmulo vazio como um desafio à posteridade? Por que esse pessoal não discorda da existência de Jesus, que, conforme nos é narrada pelos Evangelistas, foge à lógica racionalista? Jesus Cristo fez na Terra, entre os homens, o que os espíritos não conseguem fazer no Além!

— Caminhar sobre as águas, transformar água em vinho, multiplicar pães e peixes, curar cegos e leprosos...

— É porque ninguém é louco de contestar o Cristo! Agora, em André Luiz todo o mundo quer bater... Na insana concepção de muitos, a crítica a Chico Xavier, Emmanuel e André Luiz, confere certo ar de intelectualidade a quem o faz! De falsa intelectualidade!...

— É chique, não é, Doutor?

— Até soa com certo arremedo de rima, Domingas: *é chique criticar o Chico!* Em minha opinião sincera, esse pessoal tinha é que procurar serviço! Eles não sabem o que é suar o colarinho da camisa engomada e sujar os sapatos bem engraxados pisando no pó da periferia!

Olhando de um lado para outro, a ver se Odilon não estava por perto, contive-me, e prossegui:

— Como vínhamos falando, a respeito das revelações do Mundo Espiritual para a Terra, o mesmo acontece com as revelações do Plano Superior em relação ao nosso: assim como os encarnados sabem relativamente pouco sobre o mundo dos desencarnados, quase nada sabemos sobre o mundo daqueles que, em relação a nós, estão desencarnados duas vezes!

— O senhor acha que, futuramente, o homem encarnado poderá saber mais? – perguntou um amigo de cabelos grisalhos que, até o momento, permanecera calado.

— Sim, daqui a uns 500 anos talvez...

— Isso tudo?!

— A promessa do Consolador demorou, aproximadamente, 1.800 anos para se concretizar!

Ante a reação de todos à minha resposta, se eu fosse romancista, escreveria agora: silêncio sepulcral pairou no recinto...

— Estou brincando. Vocês sabem que não podemos precisar datas para que os desígnios de Deus se cumpram. Quem somos nós! Tenhamos esperança de que as coisas boas aconteçam mais depressa do que as expectativas mais otimistas. Mas, por outro lado, sejamos realistas: com a permissão do Criador, somos nós que as faremos acontecer no momento justo de nossos méritos!

E começando a caminhar em direção à porta de saída, onde Manoel Roberto me aguardava para a nossa rotina de trabalho com os doentes, considerei:

— O importante é que já sabemos o suficiente para sabermos mais com responsabilidade.

— Como assim, Doutor? – interpelou a jovem que seguia ao meu lado.

— Já sabemos que precisamos amar! Há um texto evangélico sobre o qual sempre medito. Está inserido no capítulo 6, versículo 33: "*Buscai primeiramente o reino de Deus e a sua justiça, que todas essas coisas vos serão dadas de acréscimo*". Todas as coisas que Jesus afirma nos haverão de ser concedidas por acréscimo, no versículo 33, estão subordinadas às outras 32 listadas por ele, que se resumem numa só: **amor ao próximo!**

— Como começarmos? O amor parece tão inacessível à nossa condição humana...

— Através da escola da Caridade! O bem praticado aos semelhantes é, sobretudo, aprendizado de amor.

Antes de me juntar a Manoel Roberto e tomar a direção do hospital, detive-me por instantes e recordei:

— Kardec, estudando o problema do egoísmo, fez uma pergunta fantástica aos Espíritos. É a de número 914, inserida no primeiro volume do Pentateuco: "— *Estando o egoísmo fundado no interesse pessoal, parece difícil extirpá-lo inteiramente do coração do homem. Chegaremos a isso?*" A resposta é de admirável conteúdo: "— *À medida que os homens se esclarecem sobre as coisas espirituais, dão menos valor às materiais; em seguida, é necessário reformar as instituições humanas, que as entretêm e excitam. Isso depende da educação.*" A Caridade, para todos nós, tem uma função pedagógica! Ninguém desenvolve a própria capacidade de amar sem começar a doar do que possui...

— Para terminar por doar-se!

— Exatamente. Doar do que tem, para doar do que é!

Já a me despedir, rematei:

— É por este motivo que as Trevas têm inspirado a certos adeptos da Doutrina o sofisma de que Caridade é assistencialismo... O propósito não é o de prejudicar o carente de pão, mas, sim, o necessitado de luz, que somos eu, você e todos eles!

Deixando-os a pensar no que dissera, saí em companhia do devotado Assistente, que me esperava com a solicitude de sempre.

# Capítulo 36

— Doutor – comunicou-me Manoel –, o paciente agendado está à sua espera.

— José de Arimateia? – perguntei.

— Ele mesmo.

— Está prestes a reencarnar, não é?

— Sim, mas continua hesitante.

— Cá entre nós, não é para menos; voltar àquele *caldeirão fervente* agora... Com a ambição humana extrapolando, as coisas na Terra nunca estiveram tão complicadas.

Assim falando, cumprimentei o paciente, que, ao me ver chegar, se levantara, respeitoso.

— Já lhe atendo, José.

— Não tenho pressa, Doutor, nenhuma pressa – disse, evidenciando o seu desânimo em retomar o corpo carnal.

Após rápida ajeitada na papelada sobre a mesa do Consultório, pedi a Manoel que fizesse o paciente entrar.

— Sente-se, meu amigo, e não repare na desorganização. Aqui não está cabendo mais nada – nem a mim!

— Quantas cartas, Doutor!

— Todas elas chegadas da Crosta...

— Não me diga!

— Já o disse.

— O que os remetentes querem com o senhor?

— Muitas são manifestações de carinho... Em verdade, são palavras de encorajamento e apoio. Tem muita gente boa para onde você está voltando...

— Não sei, não, Doutor... Estou com muito medo...

— Eu também teria – falei com sinceridade, abrindo um espaço na mesa.

— Por isto vim conversar... O senhor não engana a gente.

— Se há uma coisa que eu nunca aprendi, foi mentir. Mas ainda chego lá...

José de Arimateia sorriu e começou a se abrir.

— Doutor, reencarnar, tudo bem – estou consciente de que, mais cedo ou tarde, todos precisarão voltar –, mas reencarnar na condição de médium?...

— A condição de médium não pressupõe a de santidade. Todo médium, aliás, todo espírita é devedor...

— Mas eu fui criminoso!

— Ótimo!

— Ótimo, por quê?!

— Você colocou o verbo no passado: *fui*! Não é mais e não está inclinado a continuar sendo.

— Eu era uma pessoa muito errada...

— Poderá melhor compreender os que erram!

— Sofri muitas humilhações...

— Sabendo quanto dói ser humilhado, não humilhará ninguém.

— Passei fome...

— Será um excelente fazedor de sopa para os pobres!

— Estive preso...

— Conforme preceitua o Evangelho, terá caridade para com os criminosos.

— Sempre fui muito assediado espiritualmente...

— Bons instrumentos mediúnicos começaram pela obsessão!

— Doutor, eu preciso lhe dizer uma coisa.

— Pode dizer.

— Eu era homossexual...

— Era ou é?

— Ainda sou...

— "Atire a primeira pedra aquele que estiver sem pecado"!

— Como há de ser?

— A necessidade de se equilibrar o fará trabalhar dobrado...

— Eu não tenho moral.

— Tem mais do que muita gente, acredite.

— Estive no chão...

— Ninguém se levanta, sem trabalhar.

— Assumi compromisso com muitos espíritos...

— Em vez de um harém, você poderá formar uma creche...

— Sei que serei muito criticado – principalmente pelos espíritas!

— A crítica é vacina contra a vaidade.

— Eu tenho medo de escândalo...

— Se não tivesse, não vigiaria para que não aconteça.

— Sempre tive várias personalidades...

— Dará um excelente médium de incorporação!

— Até no Sanatório do senhor...

— O Sanatório, graças a Deus, não era meu.

— Estive internado lá por diversas vezes!

— Eu era interno em tempo integral; entrei uma vez e nunca mais saí...

José de Arimateia, um homem alto e forte, de mãos enormes, levantou a camisa e argumentou:

— Veja quantas cicatrizes! Apanhei muito da polícia... Apanhei e bati também.

— Você tem ódio no coração?

— Não, não tenho.

— Você se recorda do nome de algum agressor?

— De nenhum.

— Doutor, na última encarnação, eu pintei e bordei...

— Agora, você vai bordar e pintar...

— Eu bebia de cair!

— Eu fumava de quase não parar em pé! Acendia um cigarro no outro...

— Estas mãos que o senhor está vendo já roubaram...

— Devolverão, com juros, o produto do roubo. Você será o que chamam de homem caridoso!

— Mas ser médium, com esse meu jeito efeminado?...

— O nosso pessoal também precisa aprender...

— A ser efeminado?

Sorrindo do senso de humor de José de Arimateia, respondi:

— A não ser tão preconceituoso como é!

— Certa vez, Doutor, eu procurei Chico Xavier... Contei a ele parte da minha vida sexual desregrada. À época, bebendo muito, eu tinha vários parceiros... O senhor sabe, não é?

— Imagino.

— Ele me disse o seguinte: — José, meu filho, vá diminuindo, até chegar a um só... — Ele não me recriminou!

— Chico não recriminava ninguém.

— Não me chamou de depravado, sendo que eu tinha consciência de que era! Não me deu lição de moral...

— E o resultado? – perguntei.

— Eu, que pensava ser um caso perdido, saí de lá mais animado comigo... Pela primeira vez, me senti valorizado.

— Você fez o que ele sugeriu?

— Não dei conta, mas... melhorei muito! Eu tenho verdadeira adoração por ele! Sempre que nele penso, me dá uma vontade de ser melhor do que sou!...

— Isto acontece comigo também.

— Doutor, quer dizer?...

— Está tudo certo: você vai reencarnar e ser médium espírita!

— Não dá para revogar, deixar para depois?...

— É isto ou o *Chupão*...

— Que *Chupão*, Doutor?! – perguntou o paciente assustado.

— O planeta que vai levar vocês todos da Terra, deixando-a só para mim e mais meia-dúzia de eleitos...

— Para os espíritas?

— Não! Alguns espíritas que conheço serão os primeiros da fila... Só que eles ainda não sabem. É surpresa!

— Eu já ouvi falar sobre isto. Será mesmo verdade?

— Cristalina!

— Para quando será?

— *"... a respeito daquele dia e hora ninguém sabe, nem os anjos dos Céus, nem o Filho, senão somente o Pai"*.

# Capítulo 37

— Dr. Inácio – solicitou José –, eu posso deixar com o senhor uma recordação?

— Não se preocupe...

— É de coração!

E, sem que pudesse me esquivar, o paciente levantou-se e osculou-me o rosto dizendo:

— É de filho para pai! – exclamou, enxugando as lágrimas que lhe rolavam nas faces.

— Você me deixa desconcertado... Eu sou muito tímido para retribuir o seu gesto, José!

— Ore por mim, Doutor, que vou precisar. Não quero falhar de novo!

— Confie em Jesus!

— E em Nossa Senhora! – emendou com reverência. — Maria de Nazaré há de se compadecer de mim...

— De todos nós!

Deixando-me emocionado, José de Arimateia despediu-se e, quase concomitante, Manoel Roberto anunciava o segundo paciente do dia.

— Trata-se, Doutor, de alguém recomendado pelo Dr. Odilon – esclareceu.

— Por Odilon?! – perguntei intrigado.

— É também candidato a reencarnação próxima.

— Mas eu é que deveria encaminhar pacientes ao Odilon e não ele a mim!

— Posso fazê-lo entrar?

— Sem dúvida.

Logo que adentrou o consultório, o homem, excessivamente formal, cumprimentou-me, declinando o seu nome, que, a fim de respeitar-lhe a memória, traduzo por outro.

— Antônio José da Silva Teodoro e Castro!

— Esteja à vontade e, por favor, não repare a bagunça.

— Isto aqui está mesmo precisando de arrumação, não é? – retrucou, deixando o espírito na mostra.

— Faremos isto, oportunamente – respondi tentando ajeitar uma pilha de cartas prestes a cair. — Então, meu amigo, em que lhe posso ser útil?

— O Dr. Odilon insistiu para que eu viesse...

— Você não queria vir?

— Não, não é bem isto. Frequento o "Liceu" há mais de dois anos e, de minha parte, supunha desnecessário.

— Eu também acho. Odilon é Instrutor de todos nós – falei convicto.

— Tem umas coisinhas, mas deixe para lá...

— Você pretende reencarnar? – indaguei cauteloso.

— Não tenho como adiar por mais tempo. Muita gente minha já foi e preciso ajudá-los.

— Ajudar é sempre uma atitude nobre.

— Sabe, Doutor, serei espírita de novo...

— Que bênção!

— Não sei como é que vai ser, porque o Espiritismo está tomando um rumo com o qual não concordo muito. Pretendo falar e escrever em defesa da Doutrina.

— Então, você será articulista! Que bom!

— A Codificação acima de tudo, não é, Doutor?

— De fato, sem Jesus e Kardec, não se tem Espiritismo.

— Sem Kardec, Doutor, sem Kardec – disse erguendo o indicador da mão direita.

— Sem Jesus, não?

— Nem tanto. O espírita precisa ser mais racional... As religiões já fizeram muitos estragos no mundo!

— Eu não falei em religião; eu falei em Jesus Cristo!...

— Infelizmente, porém, o nome de Jesus está vinculado à fé religiosa. O caminho é a Ciência!

— Chico Xavier...

— Doutor, eu tenho profundo respeito pela figura humana de Chico Xavier.

— Ele foi e é um apóstolo da Doutrina!

— Eis uma das coisas com as quais não concordo com o Dr. Odilon e não vou concordar com o senhor.

— Não? – perguntei como a solicitar confirmação.

— Essa história de que Chico foi Kardec é um desserviço à Doutrina. Kardec é único! Mente vigorosa, homem de opinião firme, um gênio, enfim! Chico contemporizava muito... Para mim, estava mais para médium católico do que espírita! Compreendo. A sua formação, a sua veneração pela figura da mãe, que era católica...

— Então você?...

— O Espiritismo está correndo sério risco.

— Também acho e, cada vez, estou achando mais.

— O senhor insinuou algo?

— Não sou homem de insinuações, Antônio.

— Seja mais claro – pediu, cruzando as mãos sobre o peito e esticando o pescoço para mim. — Não tenha receio, fale que conheço a fama do senhor.

— Fama?! Vamos trocar o f pelo l...

— Dizem que o senhor é partidário do Espiritismo à *moda* de Chico Xavier, não?

— Com muita honra. E quer que lhe diga mais? Espiritismo sem Jesus, sem Kardec e sem a vivência de Chico Xavier, é perda de tempo...

— Hem?! Vim até aqui, Doutor, com uma derradeira esperança ao seu respeito, pois, afinal, o senhor, como psiquiatra, deve ser homem culto.

— Pois, se era a última, pode perdê-la. Você sairá daqui sem nenhuma esperança em mim.

— Pelo que estou vendo...

— Antônio, você não considera muita pretensão de sua parte?

— O quê?! Combater os descaminhos da Doutrina? Creio que todo espírita convicto – e o que não me falta é convicção – tem este dever.

— Permita-me perguntar, pois, afinal, estamos nos conhecendo agora...

— De nome, eu já o conhecia, Doutor. O senhor nunca ouviu falar de mim?

— Sinceramente, não.

— Estou admirado! Antônio José da Silva Teodoro e Castro?!... Militei mais de trinta anos na Doutrina... Percorri muitas cidades fazendo palestras, frequentei diversos centros espíritas. Sou kardecista genuíno! Combati a influência da Umbanda, do Esoterismo...

— Umbanda?! Tenho vários amigos adeptos...

— O senhor?!

— D. Cherubina, muito minha amiga, era *médium de terreiro*. Às vezes, quando a coisa apertava, eu ia lá, à sua casa, para ela me benzer...

— O quê?!

— Benzer-me, com o seu rosário, com a sua fé e a sua bondade!

— Ah!, não me decepcione, Doutor!

— Decepciono, sim!

— Eu esperava outra coisa do senhor...

— Tonho, você me faria o obséquio de responder algumas perguntas?

O homem, vermelhando o rosto, corrigiu-me:

— Tonho, não, Doutor – Antônio, com acento circunflexo no ô!

— Qual é o seu currículo espiritual?

— Currículo?!...

— É! Nos seus mais de trinta anos de Doutrina, fundou algum centro espírita?

— Não! Como lhe disse, ajudei a fechar os que estavam se desviando...

— Criou algum trabalho assistencial?

— A caridade do esclarecimento é a maior de todas. Eu sou contra esmola! A gente não tem que dar o peixe, mas ensinar a pescar...

— Aplicou passes em hospitais, asilos, albergues?

— Nunca exerci qualquer tipo de mediunidade. Ah!, e outra coisa, passes só no centro...

— Frequentava desobsessão?

— Doutor, tenha paciência, com tanto médium mistificando por aí...

— Visitou a periferia?

— Eu não sei a que vem essa pergunta, mas, não.

— Auxiliou alguma criança ou jovem a estudar? Comprou-lhe material escolar, uniforme?

— Francamente! Isto é obrigação do Governo.

A esta altura, enquanto especulava o homem de nome comprido, eu me lembrei de antigo conto de Malba Tahan: "O Fio da Aranha", um dos meus preferidos.

# Capítulo 38

— Antônio – indaguei –, você conhece a lenda "O Fio da Aranha"?

— Não; o que uma lenda pode ter com o que estamos conversando?...

E, mesmo sem saber se ele queria ouvir ou não, contei:

— Kandata, após a morte do corpo, foi condenado à determinada região purgatorial, a fim de expiar os seus muitos erros. Sofrendo as consequências de sua desdita, clamava ao Céu por socorro. Um dia, atendendo os seus lamentos, um Anjo aparece e pergunta se, em toda a sua existência na Terra, ele se recordava de ter praticado o mínimo bem a alguém. Aquele seu possível gesto de generosidade haveria de resgatá-lo da deplorável situação em que se encontrava. Kandata, então, começa a examinar os atos de sua vida e... nada! Ele não havia sido útil a quem quer que fosse! Ao contrário, a consciência o acusava de ter prejudicado a muitos. O Anjo, esperançoso, insiste e, após inaudito esforço, Kandata, finalmente, se recorda de que, certa vez, poupara a vida de uma simples aranha...

— A vida de uma simples aranha, meu caro! – pausei, enfatizando.

— Satisfeito ante a possibilidade de resgatar mais uma alma daquela região espiritual desoladora – continuei a narrativa –, repleta de malfeitores que, ali, expiavam as suas faltas, o Anjo disse a Kandata que um fio de aranha desceria das Alturas... Num átimo, o delgado fio começou a descer e, ao vê-lo, Kandata a ele se lança como quem se agarra à derradeira esperança de salvação. Acontece, porém, que, ao avistar aquele fio, dezenas de outros espíritos correm em sua direção e nele se dependuram desejosos de se subtraírem ao abismo. Com receio de que o fio da aranha não suportasse tão grande peso, Kandata passa a desferir socos e pontapés, com o intuito de se livrar dos pobres coitados que subiam por ele... Nesse exato momento, ao peso maior do egoísmo de Kandata, o fio se parte e todos caem, condenando-se a indefinido tempo de permanência naquele vale em que sequer a luz do Sol conseguia penetrar!

Ante o silêncio do paciente indicado por Odilon, perguntei:

— Você não se recorda de, pelo menos, em seus mais de trinta anos na condição de espírita, ter poupado a vida de uma aranha?

Compreendendo, por fim, onde eu desejava chegar, Antônio, com a voz mais sumida, explicou-se:

— Também não é assim, Doutor.

— Se não é assim, meu caro, é mais ou menos por aí – redargui com firmeza. — Além de ter sido um teórico da Doutrina, de que mais você se lembra?

— Eu não fiz o mal...

— Apenas não fazer o mal ainda é egoísmo!

— Sempre agi em defesa da Doutrina...

— *"Nem todos os que dizem: Senhor! Senhor! Entrarão no reino dos céus; apenas entrará aquele que faz a vontade de meu Pai, que está nos Céus".*

— De maneira geral – e o senhor há de concordar comigo –, as pessoas desconhecem Kardec. Estou me referindo aos próprios espíritas!

— *"Aquele, pois, que ouve estas minhas palavras e as pratica será comparado a um homem prudente que construiu sobre a rocha a sua casa".*

— Estarei de todo errado?...

— *"Muito se pedirá àquele a quem muito se houver dado e maiores contas serão tomadas àquele a quem mais coisas se haja confiado".*

— Nunca me senti tão sem argumentos assim...

— *"Marta! Marta! andas inquieta e te preocupas com muitas cousas. Entretanto, pouco é necessário ou mesmo uma só cousa..."*

— Essa questão de currículo...

— *"... cada árvore se conhece pelo seu próprio fruto".*

— O senhor há de concordar que o mundo de hoje...

— *"... e porque abundará a iniquidade, a caridade de muitos esfriará. Mas aquele que perseverar até ao fim se salvará".*

— Os meus mais de trinta anos de militância na Doutrina...

— *"Aprendestes que foi dito: 'Amareis o vosso próximo e odiareis os vossos inimigos'. Eu, porém, vos digo: 'Amai os vossos inimigos; fazei o bem aos que vos odeiam e orai pelos que vos perseguem e caluniam, a fim de serdes filhos do vosso Pai que está nos Céus e que faz se levante o Sol para os bons e para os maus e que chova sobre os justos e os injustos. Porque, se amardes os que vos amam, qual será a vossa recompensa?".*

— Confesso que estou desconcertado...

— *"Vinde a mim todos os que estais cansados e sobrecarregados, e eu vos aliviarei. Tomai sobre vós o meu jugo, aprendei de mim, porque sou manso e humilde de coração; e achareis descanso para as vossas almas".*

— Sinto-me, agora, sem rumo...

— *"Senhor, para quem iremos? tu tens as palavras da vida eterna...".*

— Num vazio interior muito grande...

Decidido a tornar o diálogo menos tenso, gracejei:

— Mas nada que um bom prato de arroz com feijão não possa preencher, não é?

Pela primeira vez, Antônio sorriu.

— Doutor, este meu temperamento não agrada nem a mim... O que devo fazer para dele me livrar?

— Ah!, você não vai gostar da receita.

— Mesmo que não goste, que alternativa me resta?

— Nenhuma!

— Então?...

— Então, meu caro, antes de você reencarnar – adie a sua volta ao corpo, pelo menos, por mais um ou dois anos –, areje os seus pensamentos.

— E como posso fazer isto?

— Com as mãos! Às vezes, o pensamento nos dirige as mãos, mas, às vezes, as mãos nos socorrem o pensamento.

— O senhor me recomenda?...

— Empunhar uma vassoura!

— Uma vassoura?!

— Na condição de psiquiatra, Antônio, no que tange a receituário, trabalho somente com duas opções.

— Qual é a outra?

— Qualquer neuroléptico do grupo das butirofenonas!

— Meu Deus!

— Cá entre nós, a opção da vassoura é mais barata! A sua única contraindicação é a formação de calos! O neuroléptico deixará você com enrijecimento muscular. A vassoura, ao contrário, amolece as fibras...

— Que fibras?

— Principalmente as do coração! É excelente preventivo contra o infarto do miocárdio! Você está correndo sério risco...

— O senhor acha?

— Tenho absoluta certeza. Eu vou contar a você um segredo de consultório – não deveria, mas vou. Quase todos os espíritas, aqueles mais ferrenhos defensores de uma suposta pureza doutrinária, morrem do coração! Veja bem, não estou generalizando.

— É brincadeira, não?

— As estatísticas não mentem! Esse pessoal que enche a boca para falar de Kardec, sem Jesus no coração, todos caem fulminados!

— Foi assim que eu desencarnei, Doutor!

— Está aí: uma prova viva, ou melhor, *morta!*

— Desencarnei com 61 de idade...

— Aquela falta de ar e, como a turma jovem costuma dizer, *fui*...

— Quando acordei, eu já tinha...

— *Vindo!*

— Exatamente. Nunca vi nada mais rápido...

— Uma verdadeira *rasteira*!

Antônio – é de se notar pelo desdobramento de nosso diálogo – já havia perdido toda a pose inicial: descruzara os braços, recolhera o pescoço esticado, estava algo pálido, quase uma miniatura do homem que havia chegado ao meu Consultório...

— Garanto que, até hoje, você não ficou completamente bom do *bronze*, não é? – perguntei.

— De quando a quando, ele acelera, sim... Será que?...

— Se não tomar cuidado, é reencarnar e enfartar de novo... E, desta vez, não chega nem aos 61!

— Não! Abençoada hora em que o Dr. Odilon me aconselhou consultá-lo! Vou seguir o seu conselho...

— Conselho médico! – exclamei, conferindo o seu extenso nome na ficha. — Como é mesmo o seu nome todo? Deixe-me ver...

— Tonho, Doutor! – antecipou-se o paciente.

— Toninho! Pronto! Fica mais simpático e afetuoso. Nem para você nem para mim...

O homem desatou a chorar e explicou:

— Era como a minha mãe me chamava: Toninho!

— Jamais deveríamos deixar de ser os meninos que, em nós, as nossas mães sempre amaram! Deveria existir uma lei, Toninho, que nos impedisse de crescer por fora, antes que houvéssemos crescido por dentro. Assim, em vez dos meninões que somos, seríamos grandes meninos, concorda?

Antônio José da Silva Teodoro e Castro não estava em condições de responder.

# Capítulo 39

Novamente, estávamos reunidos para os nossos estudos sobre o livro "Nosso Lar", considerado por todos nós como significativa vitória do Mundo Espiritual na integração dos Dois Planos da Vida.

Antes que as atividades tivessem início, começamos a dialogar a respeito da importância da obra que André Luiz, representando a Falange do Espírito da Verdade, conseguira grafar, com síntese e substância, continuando na tarefa de despertar consciências adormecidas.

— Como é importante para o homem, estando ainda encarnado, saber o que realmente o espera além da morte do corpo! – considerou Domingas.

— Sem dúvida, minha cara – concordei. — Ter algum conhecimento da Vida, por mínimo que seja, como ela é, nas dimensões espirituais, faz com que o espírito modifique os seus pensamentos e, consequentemente, as suas metas e prioridades.

— E isto é tudo, Doutor – comentou Odilon. — Em tempo algum da Humanidade, foi dado ao homem conhecer tanto a respeito de si mesmo quanto agora! O que, por outro lado, convenhamos, aumenta enormemente a sua responsabilidade no que tange à própria qualidade existencial.

— Não basta conhecer, não é? – observou Modesta. — É preciso saber o que fazer com o que se conhece.

— Esta é a nossa preocupação – frisei. — Muitos de nós, adeptos da Doutrina, infelizmente não têm utilizado o que já conhecem em benefício próprio. Uma vez despertos, outro não deveria ser o nosso objetivo, que não fosse o de concentrar esforços no campo da renovação íntima. O espírita, em geral, deveria preocupar-se diuturnamente em ser bom!

— Sabe, Doutor – interveio Manoel Roberto –, de certa maneira, eu tinha medo de aumentar os meus conhecimentos... O pouco que já sabia era mais do que suficiente para que deixasse de me preocupar com a vida alheia.

— A não ser para auxiliar! – exclamou Domingas.

— Exatamente. Simples leitura das páginas de "O Evangelho Segundo o Espiritismo" nos cumula de grandes responsabilidades.

— É por isto que eu não entendo tanta discussão e conflitos em nossos arraiais – considerei. — Com tanto a fazer no mundo de nós mesmos!

— Como Chico nos disse certa ocasião, lá no "Abacateiro", o Espiritismo nos revela na condição de uma casa completamente em ruínas, abandonada há séculos – recordou Domingas.

— Estamos numa doutrina de autoconhecimento! – emendou Modesta. — E o que é mais importante: autoconhecimento à luz do Evangelho do Cristo!

— A fim de que, com conhecimento de nossas imperfeições, sejamos misericordiosos para com o próximo...

— Correto, Domingas – disse eu. — Porque, em matéria de autoconhecimento, não temos muito a conhecer além de nossos equívocos!

— Primeiro, Doutor – redarguiu Odilon –, a constatação de nossa imortalidade!

— Sim, mas da imortalidade que não temos sabido valer às nossas aspirações de ordem superior. De que valeria ao homem ser imortal e continuar sempre na mesma?

— Aí é que entra a importância do esclarecimento – elucidou o Instrutor. — O Espiritismo, sem qualquer laivo de fanatismo, é um divisor de águas em nossos destinos!

— Com base nesta conversa preliminar – considerei –, se vocês concordarem, falarei hoje sobre o excepcional conteúdo do capítulo 21 de "Nosso Lar".

— O que ele aborda? Eu não me lembro...

— Em sua segunda parte, fala da experiência de D. Laura e Ricardo que, certa vez, desejaram ter acesso ao patrimônio do passado.

— Ao conhecimento de suas vidas anteriores?

— Exato.

— Será ótimo, Doutor – concordou Odilon –, pois, afinal de contas, é muita curiosidade em torno do assunto.

Consultando o relógio, a Coordenadora atalhou:

— E, por sinal, está na hora. Vamos?

Os integrantes do painel se acomodaram, o público presente silenciou e, após breve oração proferida, explicou Domingas.

— Hoje, o nosso caro Dr. Inácio Ferreira, que está conduzindo os estudos em torno de "Nosso Lar", abordará um tema alusivo ao patrimônio moral e intelectual do espírito. Entre os espíritas, seja na Terra ou aqui mesmo, impera certo modismo: quase todos querem saber o que foram e o que fizeram em vidas anteriores... Neste sentido, quase todo o mundo espera uma revelação. Enganam-se, porém, os que imaginam que, após a desencarnação, terão imediato acesso às suas reminiscências. Até agora, por exemplo, confesso a vocês que não tive acesso a nada! Mas, sem maiores delongas, passemos a palavra ao Dr. Inácio.

— Pensei que você fosse fazer a palestra, Domingas! – brinquei.

O pessoal sorriu.

— Não sorriam! – exclamei, procurando fazer cara de sério. — Certa vez, convidado a proferir palestra numa casa espírita, o Presidente, ao me apresentar, só me deixou dez minutos para falar... Tem disso tudo: alguns fazem a palestra antes do orador, e outros preferem fazê-la depois, às vezes desdizendo tudo o que ficou dito!

— Isto também já aconteceu comigo, Doutor!

— Domingas, aos médiuns como você costuma acontecer de tudo... É verdade! Eu sou testemunha do tanto que você apanhou para servir como médium. Sinceramente, não sei como aguentava!

— O Chico dizia que o médium precisava ter pele de rinoceronte...

— Então você tinha... Coitada!

— E ainda tenho!

A turma voltou a sorrir e, abrindo o livro no capítulo 21, comecei a explicar:

— Conforme já tivemos oportunidade de dizer, D. Laura, mãe de Lísias, era uma das servidoras mais eficientes de "Nosso Lar", com milhares e milhares de horas de serviço prestadas, voluntariamente, à comunidade. Hoje, ela se encontra reencarnada e, ao lado de Ricardo, novamente seu esposo, tornou a constituir linda família na Terra, recebendo por filhos alguns dos espíritos que haviam sido filhos de ambos, em existência anterior. Apenas a título de registro, Emmanuel que, desde o ano 2000 se encontra reencarnado, renasceu na condição de neto de Laura e Ricardo. Feito este preâmbulo, vamos lá.

Efetuei necessária pausa e prossegui:

— Ambos, D. Laura e Ricardo, eram, portanto, dos espíritos mais lúcidos em "Nosso Lar". Este detalhe é importante para melhor entendimento do que pretendemos. Eram os dois, repito, dos mais lúcidos habitantes da cidade espiritual. Depreendamos daí o que sobrava para os demais, os quase um milhão de habitantes à época.

— Na década de 40, não é, Doutor?

— Sim – respondi ao aparte de Domingas. — Hoje "Nosso Lar", em termos demográficos, se compara à cidade de São Paulo. Mas, feitas estas observações, continuemos. Dialogando com André Luiz, que procurava se inteirar das coisas no Mundo Espiritual, D. Laura é interrogada por ele: — *"A senhora recordou o passado, logo após sua vinda ou esperou o concurso do tempo?"*

— Doutor – falou Odilon –, o assunto é importante, porque, em "O Livro dos Espíritos", quando trata da "Lembrança da Existência Corpórea", pode-se ficar com a impressão de que todo espírito, pelo simples fato de estar desencarnado, tem livre acesso às suas mais diversificadas experiências no corpo perecível. E não é assim.

— Bem lembrado – concordei, solicitando. — Você poderia, para ilustrar, se referir a alguma pergunta neste sentido?

— A de número 308, por exemplo: *"O espírito se lembra de todas as existências que precederam a que acabou de deixar?"* A resposta é a seguinte: *"Todo o seu passado se desenrola diante dele, como as etapas de um caminho que o viajante percorreu. Mas, como já dissemos, ele não se lembra de uma maneira absoluta de todos os atos, recordando-os apenas na razão da influência que tenham sobre o seu estado presente. Quanto às primeiras existências, as que se podem considerar como a infância do espírito, perdem-se no vago e desaparecem na noite do esquecimento".*

— Excelente – disse. — Permita-me enfatizar o trecho: ***"... ele não se lembra de uma maneira absoluta de todos os atos, recordando-os apenas na razão da influência que tenham sobre o seu estado presente."***. Mas saliento: tal recordação não pode ser generalizada. A irmã Domingas acabou de nos dizer que não se lembrou ainda... André Luiz – uma mente vigorosa, um homem de intelecto avançado! –, justifica a pergunta que fez à D. Laura: — *"Perdoe a curiosidade; no entanto, até agora, ainda não pude conhecer mais detidamente o que se relaciona com o meu passado espiritual. Não estou isento dos laços físicos? Não atravessei o rio da morte?"*

— Certos esclarecimentos dos Espíritos, mormente os que se referem à reencarnação e à desencarnação, se constituem a regra geral, possuem as suas exceções, e cada caso tem as suas peculiaridades – observou Odilon com precisão.

— Não podemos dizer que, de maneira invariável, tudo se aplique a todos, no mesmo instante.

— Meditemos – interrompi a palavra da Coordenadora –, no que D. Laura diz a André Luiz: — "*Portanto somente a alma, muito segura de si, recebe tais atributos como realização espontânea. As demais são devidamente controladas no domínio das reminiscências, e, se tentam burlar esse dispositivo da lei, não raro tendem ao desequilíbrio e à loucura*".

— Está mais do que claro – endossou Modesta –: não basta ao espírito desencarnar, para que tenha conhecimento de todas as suas existências pretéritas!

— Ainda mais detalhadamente, como se pensa! – exclamei. — A lembrança invariável e absoluta das vidas passadas, pelo espírito que deixa o corpo, é mito!

# Capítulo 40

Dando prosseguimento aos comentários em torno do assunto, chegara, finalmente, ao ponto que desejava.

— Em resposta às perquirições de André Luiz, a mãe de Lísias diz que, à determinada altura de suas reminiscências espontâneas, em torno das vivências passadas, começou a experimentar *"perturbações de vulto"*. Vejamos como, de fato, não estamos preparados para a lembrança integral do que fomos e fizemos! Então ela e seu esposo, Ricardo, resolveram consultar um Assistente, que os encaminhou aos magnetizadores do Ministério do Esclarecimento.

— Mas convém esclarecer, Doutor – ponderou Odilon –, que, inicialmente, eles não se submeteram às técnicas de regressão da memória, atualmente tão em voga entre os encarnados.

— É claro que não. Atentemos para o texto de André Luiz: — *"Recebidos com carinho, tivemos acesso em primeiro lugar à Secção do Arquivo, onde todos nós temos anotações particulares. Aconselharam-nos os técnicos daquele Ministério a ler nossas próprias memórias, durante dois anos, sem prejuízo de nossa tarefa do Auxílio, abrangendo o período de três séculos. O chefe do serviço de Recordações não nos permitiu a leitura de fases anteriores, declarando-nos incapazes de suportar as lembranças correspondentes a outras épocas"*. Temos aqui várias observações a serem feitas. Vocês – conclamei – poderiam me ajudar!

— Essas *"anotações particulares"*, que podem ser entendidas como espécies de ficha, que registra as atividades do espírito em suas múltiplas existências, existem apenas em cidades que possuem um serviço organizado de tal natureza – considerou Modesta. — "Nosso Lar", uma das cidades espirituais mais antigas sob os céus do Brasil, já possuía semelhante arquivo, com os principais dados de seus habitantes...

— Sim, Modesta, daqueles que de lá partiam, como partem, para nova experiência no corpo material!

— Seria como se fosse um Cartório, não é, Doutor? – indagou Domingas.

— Com os nossos principais dados biográficos, relativos às vivências passadas! É bom esclarecer que existem cidades por aqui que somente agora estão se organizando neste sentido.

— De qualquer maneira, Doutor – falou Manoel Roberto –, com registro formal ou não, o que fomos e fizemos jamais se perde, porque o principal registro é o efetuado pela memória.

— Sem dúvida. Com certeza, D. Laura e Ricardo eram habitantes de "Nosso Lar" desde algum tempo.

— Daí terem podido ler as suas próprias memórias, abrangendo um período...

— ...de três séculos, Domingas! Mas – acrescentei –, enquanto estavam apenas lendo, estava tudo relativamente bem. O pior foi quando ambos resolveram ser *"submetidos a determinadas operações psíquicas"...*

— Foi quando deliberaram recorrer às técnicas de regressão! – aparteou Odilon. — É bom lembrar, nem sempre recomendadas.

— Por que, Dr. Odilon? – questionou Domingas.

— A regressão deve ter a sua segura indicação terapêutica; caso contrário, em vez de ser instrumento de auxílio, pode complicar para o espírito.

— E muito! - exclamei. — O espírito, conduzido à lembrança não-natural de suas vidas anteriores, pode deixar de viver o presente. Como disse Odilon, a regressão tem a sua indicação, não devendo ser feita de maneira aleatória, às vezes por pura curiosidade. E outra: carece de ser orientada por gente competente e responsável e não por especuladores!

— Doutor – perguntou Manoel Roberto –, mas o que fazemos está registrado em tudo, não é?

— Sim, a nossa história, sem omissão de um único detalhe, está escrita no grande livro do Universo. Não somente a nossa, mas a história de todas as coisas e de todos os seres.

— São os que alguns denominam de "registros akáshicos" – explicou o Instrutor. — Esses "registros", que vibram no éter, guardam a história dos mundos, desde a sua formação. A Ciência, futuramente, aprenderá a lê-los e, então, a história da Terra poderá ser fielmente reconstituída – o que hoje é relegado ao trabalho árduo de arqueólogos e pesquisadores vários, poderá ser lido nas "vibrações luminosas" do éter.

— Então, os equívocos e distorções poderão ser reparados, não é? Os erros de interpretação dos acontecimentos?...

— Sem dúvida, Manoel. Por este motivo, as Escrituras dizem que nada há oculto que não seja revelado...

— Retomemos a narrativa de André Luiz – solicitei aos amigos, com o propósito de não nos afastarmos em demasia do conteúdo do texto que desejava colocar em destaque. — Diz aqui: "*Os espíritos técnicos no assunto nos aplicaram passes no cérebro, despertando certas energias adormecidas... Ricardo e eu ficamos, então, senhores de trezentos anos de memória integral. Compreendemos, então, quão grande é ainda o nosso débito para com as organizações do Planeta!...*" Isto, torno a repetir, foi reconhecido por D. Laura, um dos moradores mais abalizados de "Nosso Lar"!

— Como seria conosco, hem, Doutor?

— Não é bom nem imaginar, Domingas – respondi. — Às vezes, fico pensando assim: os débitos que os homens contraíram, de uns para com outros, nos últimos 100 anos – só nos últimos 100 anos! –, já foram quitados?

— Não! – respondeu o auditório, em sua primeira participação pública na reunião.

— Temo que a maioria de nossos débitos esteja esperando... Vocês não acham? Esperando que estejamos mais fortes para eles.

— Doutor, esse raciocínio do senhor é de meter medo na gente...

— Você se recorda, Domingas, de uma página mediúnica assinada por Ramiro Gama, inserida no livro "Lindos Casos de Além-Túmulo"?

— Qual delas?

— Aquela que se refere à ossada dos dinossauros, que está sendo encontrada, principalmente, na região de Peirópolis, a pouco mais de vinte quilômetros de Uberaba?

— Ah, sim!, agora me lembro.

— Conte-nos, Doutor – pediu a turma do auditório.

— Ele faz uma comparação da ossada dos dinossauros com os nossos erros... Os dinossauros, que desapareceram há milhões de anos, estão mostrando os seus esqueletos agora – nas proximidades de Peirópolis, basta escavar a terra com canivete para se achar um osso de dinossauro! Segundo Ramiro Gama, muitas imperfeições que, em nós, supomos mortas, podem reaparecer depois de muito tempo... Vícios e mazelas que imaginávamos completamente desintegrados, de repente podem surgir à tona de nossa personalidade! E ele conclui pela necessidade de contínua vigilância, a fim de que não venhamos a assombrar as pessoas com o "esqueleto" do que fomos e ainda não deixamos de ser totalmente.

— Se saírem da tumba – gracejou a Coordenadora –, tenho "esqueleto" suficiente para assombrar o mundo inteiro!

— Domingas, esta é uma das poucas vezes que você não está exagerando...

— Eu sei disto, Doutor!

O pessoal emitiu um *sorriso pensativo*.

— Retomando, porém, o fio da meada – disse –, quantas atrocidades teremos cometido, no último século, com os nossos semelhantes? Em quantas oportunidades teremos sido mais verdugos do que vítimas?

— Sem mencionarmos as duas grandes guerras mundiais – atalhou Domingas –, que aconteceram, praticamente, no decurso de 30 anos, tivemos, no mundo todo, dezenas e dezenas de outras guerras, com milhares e milhares de mortos!

— Simplesmente, mortos? Não! Além do número de vítimas, é claro, o que impressiona é a requintada crueldade com que o homem, na guerra, se lança sobre o outro – do homem que se diz civilizado!

— Certo ditador na Uganda, durante apenas oito anos em que esteve no poder, ordenou a morte de mais de trezentas mil pessoas – informou Modesta.

— Recentemente, na Bósnia, oito mil muçulmanos foram mortos – lembrou Manoel Roberto.

— Os números são alarmantes. Mais de seis milhões de crianças morrem de fome, anualmente – considerei. — Vocês já imaginaram o tamanho dessa guerra? As "armas" utilizadas são as da indiferença e do egoísmo! Será que achamos que tal genocídio ficará sem punição? É por este motivo que vemos por aí, tanto na Terra quanto no Mundo Espiritual, sofrimentos indescritíveis acometendo as criaturas, que as levam, insensatamente, a questionar a existência de Deus!

Enquanto todos refletiam, acrescentei:

— Baseados nisto, o que temos para lembrar o passado, hem? Quem se encoraja? Quem está pronto para facear a si mesmo, nas vidas sucessivas do pretérito? Nem é preciso recuar muito, não! D. Laura e Ricardo recuaram trezentos anos e foram aconselhados a parar...

— Inácio, somente na noite de São Bartolomeu, de 23 para 24 de agosto de 1572, cerca de três mil protestantes foram mortos! Nas ruas de Paris, o sangue escorria como água de chuva...

— Pois é, Modesta!

— As guerras religiosas, ao longo da História, sempre foram as que fizeram mais vítimas.

— Se os espíritas, que se consideram bons, massacram os próprios companheiros, que como eles não pensam! – exclamou Domingas.

— Nem Jesus Cristo aceitou ser chamado de "bom", minha cara! Os espíritas são os mais devedores, acredite!

— Antes, eu não acreditava, Doutor, mas agora... O senhor, quando bate na gente, está coberto de razão.

— Eu não bato em ninguém: eu apanho junto!... E vou dizer a você: uma tunda por dia é pouco! Tem gente que precisava apanhar de hora em hora...

— Em doses homeopáticas, não é Doutor? – finalizou a confreira, arrancando *sorrisos em gotas* da plateia.

# Capítulo 41

Como sempre, ao término do painel sob a coordenação de Domingas, vários participantes vieram conversar conosco mais diretamente.

— Que bom seria, Dr. Inácio – disse uma jovem –, se pudéssemos estudar com o senhor toda a coleção de André Luiz!

— Para mim, minha filha – respondi –, se todos dispusessem de tempo para tanto, seria ótimo! Acredite, o aprendizado maior é para mim mesmo... As intervenções de nossos amigos, junto à participação de vocês, me ensejam muitas e novas ideias. Estudar é assim: trocar o assunto em miúdos, permutar opiniões, falar e ouvir, procurando manter a mente sempre receptiva.

— Doutor, se me permite, desejo fazer uma observação.

— Pois não, Domingas.

— Posso dizer que vim para este Outro Lado sem saber o "Nosso Lar", e a desencarnação, por si só, não me dispensou de conhecer o conteúdo da obra. Estou verdadeiramente fascinada! Estudar o referido livro de André Luiz neste Outro Lado, como nos está sendo dada oportunidade de fazer, equivale ao homem encarnado estudar um compêndio sobre História, por exemplo.

— Concordo com a nossa Coordenadora – aparteou a senhora das mais participativas do grupo. — A maioria das pessoas deixa a Terra sem que, na maioria das vezes, nada conheça além da cidade em que nasceu. Então os "envelopados"...

— Os "envelopados"?! – reagiu a irmã Domingas, revelando-se surpresa.

— É, a turma *lá de baixo*! Eles não têm que demonstrar estranheza, se aqui estamos fazendo o que deveríamos ter feito por lá. Estamos aqui, no Além, mas, a rigor, o conhecemos menos do que conhecemos a própria Terra!

— Interessante! – exclamou um que, abanando a cabeça, só se manifestava deste jeito. Tanto, que o apelido dele era justamente este: "Interessante"!

— Estamos neste ponto – reafirmei –: sabemos menos do Mundo Espiritual que da Terra! Agora, vejam: o Planeta é uma circunferência delimitada, com, aproximadamente, 12.750 quilômetros de diâmetro!

— Doutor, qual seria o diâmetro do plano em que nos encontramos? – perguntou um rapaz.

— Interessante!

A turma sorriu do nosso *monocórdio* amigo e respondi:

— Da chamada Dimensão Umbralina, compreendendo todas as suas subdimensões, seria, aproximadamente, três vezes mais, ou seja, quase 40.000 quilômetros!

— É chão *pra* burro! – exclamou o autor da pergunta.

— Interessante! – tornamos a ouvir entre discretos sorrisos.

— Mas, mesmo num estudo assim – não é, Doutor? –, muita coisa fica para trás...

— Ah!, perfeitamente – respondi à observação da Coordenadora. — Não dá para esgotar o assunto, não.

— O senhor se recorda de alguma coisa que ficou para trás, num dos capítulos já estudados?

— Sim, de muitos pontos que, evidentemente, poderiam ser mais bem explorados.

— Um deles, Doutor? – solicitou Domingas.

Após pensar rápido, respondi.

— Por exemplo, quando estudamos o capítulo 6...

— Aquele em que André Luiz, estando hospitalizado, recebe a visita do Ministro Clarêncio...

— Exatamente. Ele se queixa e, mesmo sendo médico, como todo paciente, faz uma chantagenzinha emocional... Terminando de ouvir as suas lamúrias – está lá escrito assim: — *"Clarêncio, contudo, levantou-se sereno e falou sem afetação"*...

— O que o senhor enxergou nesta frase? Ela não tem nada! – objetou a senhora de inteligência vivaz.

Olhando de um lado para outro, novamente vigiando os movimentos de Odilon, elucidei:

— Com o perdão da palavra, eu enxerguei as nádegas...

— As nádegas?! – quase que perguntaram em coro.

— É claro! Se Clarêncio se "*levantou*", é porque ele estava sentado! E se estava sentado, espírito tem nádegas! Concordam?

— Interessante! – tornou o nosso arranhado e *humanizado* "disco de vinil"...

— Interessante, o quê?! As nádegas?! – balbuciou um dos mais moleques, levando todo o mundo a gargalhar.

— O Ministro Clarêncio não estava lá levitando, não! – disse procurando controlar a turma. — Como qualquer mortal, ele estava sentado! Isto nos leva a inferir o quê?

— Que não faltam cadeiras no Mundo Espiritual! – respondeu alguém.

— Nem camas, porque André Luiz estava deitado! – observou outro.

— Que espírito não é uma *fumaçazinha*, que ande deslizando por aí! – intrometeu-se mais um.

— E que, evidentemente – disse eu –, com todo o respeito, que o Ministro não estava despojado da região glútea!

— Interessante!

E emendei:

— Que ele é humano! Que somos todos humanos! A menos que, dentre vocês, haja alguém desprovido dos músculos glúteo máximos, médios e mínimos!

— Doutor – perguntou a Coordenadora, quase não se contendo –, o senhor vai colocar isso em livro?

— O quê?! Os glúteos?! Vou, sim, por que não?!...

— O pessoal do contra...

— Deixe o povo discutir se espírito tem nádegas ou não, Domingas! Isto parece não ter importância nenhuma, mas é importantíssimo para a compreensão da anatomia dos *defuntos*, que somos nós! Temos ou não temos o direito de manter as nossas nádegas, e tão enrijecidas quanto possível?

— Interessante! – atalhou o boquiaberto companheiro.

— Qualquer coisa, a gente pode organizar uma passeata, Doutor!

— Pronto! Tem gente *infiltrada* aqui!...

— E com faixas, com dizeres à altura de...

— Alto lá! – aparteci, com a turma a se contorcer. — Reivindico para mim o direito de sugerir os ditos a serem estampados em defesa do bumbum, pois, afinal de contas, estamos desencarnados e não *descarnados*!

A esta altura, com a aproximação de Odilon e Modesta, atraídos pela nossa algazarra juvenil, entramos em silêncio.

— Sobre o que conversavam – perguntou Modesta –, que sorriam tanto?

— Deixem-nos participar também! – surpreendeu-nos o Instrutor, passando amistosamente o braço sobre o meu pescoço.

— Sabem o que é – tentei explicar, piscando para turma –, nós estávamos a falar sobre a fisiologia complexa de certos músculos esqueléticos que, não pertencendo, propriamente, à região lombar, nem tampouco à parte posterior da coxa...

— Ah, Doutor, simplifique: **sobre as nádegas!** – exclamou Odilon, a quem positivamente nada escapava.

Entre sorrisos que se multiplicaram, confesso que só pude escutar a *fantasmagórica* voz, repetindo feito um badalo:

— Interessante!...

# CONHEÇA OUTRAS OBRAS DO AUTOR:

- SOB AS CINZAS DO TEMPO (Didier)
- DO OUTRO LADO DO ESPELHO (Didier)
- NA PRÓXIMA DIMENSÃO (Leepp)
- INFINITAS MORADAS (Leepp)
- A ESCADA DE JACÓ (Leepp)
- FALA DR. INÁCIO (Leepp)
- POR AMOR AO IDEAL (Leepp)
- FUNDAÇÃO EMMANUEL (Leepp)
- NO LIMIAR DO ABISMO (Leepp)
- OBSESSÃO E CURA (Didier)
- CARTAS DE DR. INÁCIO AOS ESPÍRITAS (Leepp)
- REENCARNAÇÃO NO MUNDO ESPIRITUAL (Leepp)
- AMAI-VOS E INSTRÍ-VOS (Leepp)
- TERRA PROMETIDA (Didier)

**LIS Gráfica e Editora Ltda.**
Rua Felício Antônio Alves, 370
CEP 07175-450 - Guarulhos (SP) - Brasil
Tel.: (11) 3382-0777 - E-mail: lisgrafica@lisgrafica.com.br
Site: www.lisgrafica.com.br